# Pingpong Neu 1

## *Lehrerhandbuch*

von Gabriele Kopp

und Konstanze Frölich

Hueber Verlag

Abkürzungen:

| | | |
|---|---|---|
| S | = | Schülerinnen und Schüler |
| L | = | Lehrerinnen und Lehrer |
| Sktext | = | Sprachkurstext |
| LB | = | Lehrbuch |
| AB | = | Arbeitsbuch |

Tests: Karin Gundlach, Gauting
Zeichnung S. 52: Frauke Fährmann, Pöcking



8. 7. 6. | Die letzten Ziffern
2018 17 16 15 14 | bezeichnen Zahl und Jahr des Druckes.
Alle Drucke dieser Auflage können, da unverändert, nebeneinander benutzt werden.
1. Auflage

Titelfoto: Gerd Pfeiffer, München
Satz: VerlagsService Dr. Helmut Neuberger & Karl Schaumann GmbH, Heimstetten
Druck und Bindung: Himmer AG, Augsburg
Printed in Germany
ISBN 978-3-19-021654-3

Art. 530_00667_001_06

# Inhalt

# Einführung

## *Zielgruppe*

Das Lehrwerk richtet sich an elf- bis fünfzehnjährige Sprachanfänger. Selbst bei altersgleichen Klassen ist der Entwicklungsstand der einzelnen Schüler oft so verschieden, dass von ganz unterschiedlichen Interessen und lernpsychologischen Voraussetzungen auszugehen ist. Es kann daher nur versucht werden, Themen zu finden, die für Jugendliche allgemein interessant sind, und sie didaktisch so aufzubereiten, dass das Erlernen der Sprache Spaß macht.

## *Sprache*

Grundlage ist eine authentische Umgangssprache, die in Alltagssituationen von Jugendlichen und Erwachsenen verwendet wird. Besonders berücksichtigt werden dabei feststehende Redewendungen der Alltagssprache. Auf die Vermittlung einer deutschen „Jugendsprache", die wechselnden Modeströmungen unterworfen ist, wird bewusst verzichtet.

## *Aufbau des Lehrwerks*

Für die Hand des Schülers gibt es:
Ein Lehr- und ein Arbeitsbuch. Das Arbeitsbuch enthält einen kleinen Phonetikkurs und Tests zu jeder Lektion. Die Tests sind so angelegt, dass die Schüler durch die Möglichkeit der Selbstkontrolle den eigenen Kenntnisstand überprüfen können.

Für den Lehrer und den Einsatz im Unterricht gibt es:
- Ein Lehrerhandbuch mit methodischen Hinweisen, Tests zur Leistungskontrolle, einem Lösungsschlüssel zu den Übungen im Lehr- und Arbeitsbuch und mit einer Transkription der Hörtexte.
- Zwei Cassetten/CDs mit allen Sprachkursdialogen und Hörverständnistexten des Lehrbuchs.
- Eine Cassette mit den phonetischen Übungen des Arbeitsbuchs.

## *Formaler Aufbau des Lehrbuchs*

Die zwölf Lektionen sind drei weit gefassten Themenkreisen zugeordnet, für die die Lernziele im Lehrbuch ausgewiesen werden. Die Lektionen selbst sprechen dann gezielt Themen aus dem Interessensbereich der Lerner an. Sie sind in kleine Sequenzen untergliedert, in denen unterschiedliche Aspekte des Themas behandelt werden. Diese Strukturierung in drei größere Bereiche, die eine Überschau über Themen und Ziele eines in sich geschlossenen Komplexes geben und die Differenzierung in kleinere Einheiten, die Schritt für Schritt erarbeitet werden, ist aus lernpsychologischer Sicht besonders günstig.

Jede der zwölf Lektionen beginnt mit einer Einstiegsseite, die die Schüler auf das Thema einstimmt und Wortschatz und Grammatikstrukturen vorbereitet. Als Sprechanlass dienen diese Seiten auch dazu, bereits Erlerntes in einem neuen Kontext zu wiederholen und zu festigen.
Den Abschluss jeder Lektion bildet ein Komplex aus vier Teilen:
- „Na so was!-Seiten" mit Texten und Liedern zum spielerischen Umgang mit Sprache.
- ein in sich geschlossener Lesetext, der häufig implizit landeskundliche Informationen vermittelt. Fragen und Aufgaben zum Text führen dazu, dass die Schüler allmählich grundsätzliche Lesestrategien entwickeln.
- ein Lernwortschatz, der wichtiges Wortmaterial der Lektion thematisch bündelt.
- eine Grammatikübersicht, die den Stoff der Lektion zusammenfasst.

## *Inhalte des Lehrbuchs*

*Sprachkursdialoge/Grammatik*
Jede Lektion enthält zahlreiche sogenannte Sprachkursdialoge bzw. -texte (Skdialoge/texte), in denen neue Sprachstrukturen eingeführt und bereits bekannte wiederholt werden. Zu jedem Dialog wird zusätzliches Wortmaterial angeboten, so dass die Schüler beim Einüben die Dialoge variieren können. Der jeweilige Grammatikstoff wird – in einem „Schaukasten" visuell abgesetzt – bei der Einführung bewusst gemacht und am Ende der Lektion in einer Übersicht zusammengefasst.

*Leseverstehen*
Lesetexte bringen zusätzliche Informationen zum Lektionsthema. Durch die Aufgaben lernen die Schüler das Wesentliche des Textes zu erfassen und neues Wortmaterial aus dem Kontext zu erschließen.

*Hörverstehen*
Die *Audiocassette* bietet neben den Skdialogen/texten spezielle Texte zur Schulung des globalen Hörverstehens. Jede Lektion enthält entsprechende Aufgabenstellungen.

*Schreiben*
Vom gelenkten Schreiben werden die Schüler schrittweise zu einer freieren Textproduktion geführt. In jeder Lektion werden Schreibanlässe geschaffen, die für Jugendliche möglichst authentisch sind (z.B. Antwort auf einen Brief, Hinterlassen einer Nachricht).

*Landeskunde*
In jeder Lektion gibt es spezielle – auf das jeweilige Thema abgestimmte – landeskundliche Informationen in Form von Lesetexten, Landkarten, Graphiken und authentischem Material. Darüber hinaus wird Landeskunde implizit über die dargestellten Situationen und Dialoge vermittelt.

## Methodische Schwerpunkte

*Umgang mit Sprache*
Die Lernenden sollen möglichst auf vielfältige Weise mit der deutschen Sprache umgehen. Daher gibt es in den Skdialogen/texten viele Variationsmöglichkeiten, daher werden alle Fertigkeiten von Anfang an geübt, dazu dienen die *„Na so was“*-Seiten mit ihren Sprachspielen, Unsinnstexten und Liedern.
Partner- und Kleingruppenarbeit ermöglichen eine aktive Beteiligung aller Schüler und werden deshalb im Lehrbuch so oft wie möglich eingesetzt. Durch jeweils genaue Vorgaben in den Übungen wird vermieden, dass sich fehlerhafte Sprache einschleift.
*Hinweis zu den Spiel- und Arbeitsanweisungen:* Die Schüler sollen diese zwar von Anfang an passiv aufnehmen, nicht aber aktiv lernen.

*Lernspiele*
Spiele lockern den Unterricht auf, darüber hinaus werden Sprachstrukturen wiederholt und gefestigt. Das Lehrbuch enthält
- vorgefertigte Spiele zur Festigung der gelernten Strukturen,
- Vorgaben für Karten- und Schreibspiele, die von den Schülern selbst hergestellt werden. Diese Spiele haben einen doppelten Übungseffekt: Die Schüler beschäftigen sich sowohl beim Erstellen des Spiels als auch beim Spiel selbst mit dem gelernten Sprachmaterial.

*Übung und Wiederholung*
Das Gelernte wird oft und auf vielfältige Weise geübt und wiederholt. Die Übungsphasen sind nicht zu lang, um einem Motivations- und Effizienzverlust durch Ermüdung vorzubeugen. Da die Schüler schwierige sprachliche Phänomene nicht nach der ersten Einführung beherrschen, wird bekanntes Sprachmaterial immer wieder in neuen situativen Zusammenhängen wiederholt.
An manchen Stellen werden grammatische Strukturen auch in Form von feststehenden Ausdrücken vorweggenommen und erst zu einem späteren Zeitpunkt bewusst gemacht. Dieses Verfahren ergibt sich daraus, dass manche kommunikativen Sprechhandlungen die Kenntnis grammatikalisch schwieriger Sprachmuster schon zu einem frühen Zeitpunkt voraussetzen. Die Schüler können problemlos komplexere Strukturen vorab üben, ohne sich des Schwierigkeitsgrades bewusst zu sein. Zu frühe grammatikalische Reflexion könnte zu Sprachhemmungen führen. Werden die besagten Strukturen zu einem späteren Zeitpunkt bewusst gemacht, erleichtert der Wiedererkennungseffekt das Lernen. Ähnliches gilt für den Erwerb der Lexik: In manchen Lesetexten wird neues Wortmaterial eingeführt, das aus dem Kontext erschlossen werden kann. Zu einem späteren Zeitpunkt wird es in den aktiven Wortschatz übernommen und muss nicht mehr ganz neu gelernt werden.

## ***Methodisch-didaktische Hinweise zu immer wiederkehrenden Teilen***

*Lesetexte am Ende jeder Lektion*

Diese Lesetexte gehören zu unterschiedlichen Textsorten: narrative Texte, Warenprospekte, Artikel aus Jugendzeitschriften, Zeitungsanzeigen und Speisekarten. In den ersten Lektionen gibt es vor allem narrative Texte, da eine Geschichte, die einer Pointe zustrebt, durch den Handlungsaufbau einfacher zu verstehen ist als ein Sachtext.

Die Schüler werden von Anfang an an Lesetechniken herangeführt, die vor allem das Globalverstehen fördern. Bei geschlossenen Texten (hier den narrativen) wird über den Titel oft eine Idee vom Inhalt vermittelt und damit eine Erwartung an das Thema aufgebaut. Das hilft, den Text zu verstehen. Wenn der Titel allein dazu nicht genügt, sollte man außerdem den ersten Abschnitt lesen. Die Schüler stellen Vermutungen über den Inhalt in der Muttersprache an, anfangs mit Hilfe des Lehrers, später selbstständig in der Gruppe. Bei diesem Zugang zum Text handelt es sich um eine erste globale Annäherung, der den Schülern das Erfolgserlebnis vermittelt, das Wesentliche zu verstehen. Ängste, nicht jedes Wort zu verstehen und daraus resultierende Blockaden werden von Beginn an vermieden.

Die Tipps zu den Lesetechniken bauen aufeinander auf. So sollten frühere immer wieder wiederholt und mit den neuen kombiniert werden. Auch hier muss der Lehrer helfen, bis sich die Techniken eingeschliffen haben. Mit der Zeit sollen die Schüler lernen, über für Textverständnis unwichtige Wörter hinwegzulesen und unbekannte Wörter aus dem Kontext zu erschließen.

Die Aufgaben unter den Texten dienen dem Detail- bzw. selektiven Verstehen. Aufgabenformen, wie Richtig-falsch oder Mehrfachwahl-Antworten, verlangen nur einen passiven Umgang mit dem Text. Mit zunehmender Sprachkompetenz sollten sich die Schüler aber auch aktiv sprachlich mit einem Text auseinandersetzen, z. B. Fragen beantworten, Fragen an den Text stellen, Stellung nehmen, eine Meinung äußern oder Wertungen abgeben

*Lernwortschatz am Ende jeder Lektion*

Der Lernwortschatz stellt das Minimum des zu Erlernenden einer Lektion dar. Dem Lehrer bleibt überlassen, die Anforderungen im Rahmen von Differenzierungsmaßnahmen zu steigern.

Der Lernwortschatz kann Ausgangspunkt für verschiedene Übungen sein: Der Nominalwortschatz kann unter dem angegebenen Oberbegriff in eine Lernkartei eingetragen werden. Besser als den Nominativartikel dazu zu schreiben, ist es, das Genus farblich zu kennzeichnen. So kann das Nomen leichter in Sätzen mit unterschiedlichem Kasus angewendet werden.

Eine weitere Möglichkeit, den Lernwortschatz zu wiederholen, in neuen Zusammenhängen zu üben und zu erweitern stellt das „Wortschatzbuch“ dar. Das ist ein Ringbuch mit losen Blättern, das beliebig erweitert werden kann. Jedes Lernziel oder jeder Oberbegriff bekommt eine eigene Seite. So kann Wortmaterial aus späteren Lektionen ergänzt werden.

Partnerübungen: Die Schüler können sich gegenseitig abfragen, gemeinsam Parallelsätze bilden, ähnliches Sprachmaterial wiederholen oder auch eine schriftliche Übung durchführen, die für beide Partner effektiv ist: Jeder Partner schreibt aus dem Lernwortschatz Sätze oder Wortreihen ab, wobei er einzelne Wörter nur dünn mit Bleistift schreibt und dann ausradiert. Dann werden die Blätter getauscht, und der andere füllt die Lücken. Anschließend wird gemeinsam korrigiert.

Am Ende jedes Themenkreises wird im Arbeitsbuch jeweils auf der zweiten Seite des Themenkreises („Das hast du gelernt“) der Lernwortschatz wiederholt.

*Grammatik am Ende jeder Lektion*

Auch die Zusammenfassung der Grammatik sollte Ausgangspunkt für Übungen sein, zum Beispiel Parallelsätze bilden oder die Partnerschreibübung siehe oben.

# Methodisch-didaktische Hinweise

## Lektion 1: Ich und die anderen

### ▶ *Einstiegsseite*

a) Bilder ansehen
b) Cassette hören, dabei Bilder ansehen
c) Cassette abschnittweise (wenn nötig mehrmals) hören, Bilder zuordnen; Begrüßungsformen **nicht** nachsprechen lassen
d) *fakultativ:* Bilder nochmals ansehen und versuchen, die Begrüßungsformen zu rekonstruieren

### *A Kontakte*

**A1** **Sktext: Hallo!** *(Teil 1)*

a) Cassette hören, dabei die 6 Bilder ansehen und still mitlesen
b) Cassette abschnittweise hören, laut wiederholen, nicht mitlesen; Aussprache exakt imitieren
c) Lehrer/in (L) spricht Begrüßungsformen durcheinander, Schüler/innen (S) zeigen im Buch
d) Ausspracheschulung:
   - Betonung: durch Klatschen der betonten Silben z.B. *„Gúten Mórgen“*
   - *ach*-Laut: Fauchen einer Katze
   - Umlaut *ü*: Mundstellung; Vorübung durch Silben, z.B. *„ta-tü“* der Feuerwehr
e) Texte mit verteilten Rollen lesen

*(Teil 2)*

a) Cassette hören, dabei die 8 Bilder ansehen und laut wiederholen
b) Bildkarten mit Tageszeiten wie im Buch erstellen, den anderen S zeigen, Grußformen zuordnen

**A2** **Spiel**

Zettel mit Namen (Erwachsene: *„Herr .../Frau ...“* oder/und Namen von S aus der Klasse) und dazu Bildkarten mit Tageszeiten (vgl. A1) erstellen. Je zwei S heften sich Namenszettel an. Ein S als Spielleiter hält eine Bildkarte mit Tageszeiten hoch. Die beiden S begrüßen sich mit einer Grußformel, die der Tageszeit und dem Gesprächspartner entspricht. Mehrmals mit verschiedenen S durchspielen.

## A3 Sktext: Wer bist du?

*Bild 1 und 2*

a) Cassette hören, dabei Bilder ansehen und still mitlesen
b) Cassette satzweise hören, laut wiederholen (wenn nötig mehrmals)
c) Ausspracheschulung: *h* im Anlaut: ein kleines Papierstückchen auf den Handrücken legen. Bei richtig gesprochenem *h* in *heiße* bewegt es sich.
d) mit Hilfe des Dialograsters Strukturen mit eigenen Namen einüben: Frage-Antwort-Ketten, Partnergespräch

*Bild 3 und 4*

a) Sktext einführen wie in Bild 1 und 2
b) Einüben der Strukturen (Dialograster) mit Namenszetteln: Namen aus der Klasse und erfundene Namen (als „neue Schüler")

*Bild 5 und 6*

a) Sktext einführen wie in Bild 1 und 2
b) Einüben der Strukturen (Dialograster) in der Klasse und in Partnerarbeit

## A4 Internationales Treffen

a) freie Anwendung der Strukturen aus A3: S denken sich Personen aus, Frage-Antwort-Kette
b) Spiel in Gruppen: Jede Gruppe schreibt gemeinsam Namen von berühmten Persönlichkeiten auf Zettel (so viele Zettel wie Gruppenmitglieder). Die Zettel werden gemischt und verteilt. S fragen sich gegenseitig: *„Bist du ...?", „Heißt du ...?"*. Bei einer positiven Antwort bekommt der Fragende den Zettel und fragt weiter. Bei einer negativen Antwort fragt der angesprochene S weiter. Sieger ist, wer am Ende die meisten Zettel hat.

**Grammatik**

Tabelle ansehen, Sätze bilden, z.B. *„Ich heiße ... und spiele ..."*

## A5 Sktext: Bist du neu hier?

a) Bild ansehen, Text zudecken, Cassette hören
b) Text zudecken, Cassette Satz für Satz hören und nachsprechen
c) Ausspracheübung (wenn nötig)
d) Text mit verteilten Rollen lesen

## A6 Sportclub SC Chaos

a) jeden einzelnen Redebeitrag still lesen und die richtige Wortstellung finden
b) richtigen Redebeitrag an die Tafel schreiben
c) richtig gestellten Dialog mit verteilten Rollen lesen
d) *fakultativ:* Partnerarbeit: ein S verwürfelt die Redebeiträge aus einem Dialog aus A 3, der Partner findet die richtige Wortstellung

## B Ich wohne in Deutschland

B1

### B 1 Sktext: Wo wohnst du?

*Bild 1*

a) Landkarte gemeinsam ansehen
b) Cassette hören, Bild dazu ansehen, still mitlesen
c) Cassette satzweise hören, nicht mitlesen, laut wiederholen (auf die Aussprache achten)
d) Strukturen des Dialograsters einüben:
  - Frage-Antwort-Kette (mit Vorgaben des Dialograsters)
  - „Ballspiel": Ball zuwerfen, Werfer/in fragt, Fänger/in antwortet
  - in Partnerarbeit weitere Dialoge mit eigenem oder erdachtem Wohnsitz entwickeln (Um langweilige Ortswiederholungen zu vermeiden, kann als feststehender Ausdruck *„in der ...straße"* eingeführt werden.)

e) Rollenspiel: Kombination der Sprechhandlungen *Begrüßen, Vorstellen* und *Frage nach dem Wohnsitz* (wenn nötig, durch Vorgaben gesteuert)

*Bild 2 und 3*

a) Cassette hören, Bilder dazu ansehen, still mitlesen
b) Cassette abschnittweise hören, nicht mitlesen, laut wiederholen (auf die Aussprache achten)
c) Strukturen des Dialograsters einüben: Frage-Antwort-Kette (mit Vorgaben des Dialograsters)
d) „Ballspiel" mit deutschen Städtenamen: Ball zuwerfen, Werfer/in fragt: *„Wohnst du in ...",* Fänger/in antwortet: *„Ja, ich wohne in ..."* oder *„Nein, ich wohne nicht in ..."*

*Bild 4*

a) Cassette hören, Bild dazu ansehen, still mitlesen
b) Cassette abschnittweise hören, nicht mitlesen, laut wiederholen (auf die Aussprache achten)
c) Strukturen des Dialograsters einüben: Frage-Antwort-Kette (mit Vorgaben des Dialograsters)

**Grammatik**

a) Sätze lesen
b) weitere Frage- und Antwortsätze bilden

B2

### Sktext: Woher kommst du denn?

a) Cassette hören, Bild dazu ansehen, still mitlesen
b) Cassette abschnittweise hören, nicht mitlesen, laut wiederholen (auf die Aussprache achten)
c) in Partnerarbeit weitere Dialoge entwickeln, dazu die passenden Städtesymbole auf der Landkarte (S. 14) suchen
d) szenische Darstellung des Dialogs

**B 3** **Fußball international**

a) Text zu Bild 1 lesen
b) Sätze zu den weiteren Bildern in Klassenarbeit mündlich formulieren
c) Ratespiel: Ein S gibt jeweils nur eine Angabe vor, z.B. *„Ich komme aus Russland. Wer bin ich?“* oder: *„Ich spiele bei Werder Bremen. Wer bin ich?“*, die Anderen raten.
d) Sätze in Stillarbeit schreiben

**B 4** **Wer bin ich?**

a) still lesen, Lösung suchen
b) laut lesen
c) **L:** Lösungshilfe durch Sprechblase andeuten. Wenn nötig, zeigen, dass man die Wörter von hinten lesen muss: „TREBOR = ROBERT“
d) Ratespiel: S schreiben selbst Sätze mit „Rückwärts-Wörtern“ (deutsche Städtenamen verwenden; einzelne S lesen vor, die anderen raten)

**Grammatik**

a) Sätze lesen
b) weitere Beispielsätze bilden

## *Na so was!*

a) Lied von der Cassette hören, Text zudecken
b) Text aufdecken, Lied noch einmal hören und mitsingen
c) die angegebenen Namen-Paare lesen
d) neue Strophen mit den angegebenen Namen singen (nur die Namen verändern)

*Hinweis:* Wenn S nicht gern singen, können die Strophen auch als Dialoge gesprochen werden.

# Lektion 2: So sind wir!

## ▶ *Einstiegsseite*

a) Zahlen von der Cassette hören, im Buch mitlesen
b) Zahlen einzeln von der Cassette hören, laut wiederholen
c) Bilder ansehen, Zahlen hören und auf Zahlen im Bild zeigen

## *A Zahlen*

**A 1** **Hörtext: Welche Zahl ist das?**

S hören Zahlen von der Cassette und schreiben sie ins Heft.

A2 **Sktext: Wie alt bist du denn?**

a) Bild ansehen, Text zudecken, Cassette hören
b) Text zudecken, Cassette satzweise hören und nachsprechen
c) Cassette hören, still mitlesen
d) mit verteilten Rollen lesen
e) Transferbilder: Dialog in Partnerarbeit einüben
f) Frage-Antwort-Kette: „Wie alt bist du …?"

A3 **Sktext: Telefon**

a) Bilder ansehen, Text zudecken, Cassette hören
b) Text zudecken, Cassette satzweise hören und nachsprechen
c) Cassette hören, still mitlesen
d) mit verteilten Rollen lesen
e) in Partnerarbeit weitere Dialoge mit den vorgegebenen Varianten entwickeln
f) szenische Darstellung (S dürfen sich bei einem Telefongespräch nicht gegenseitig ansehen!)
g) *fakultativ:* szenische Darstellung: Telefongespräch mit einem Star o.ä. (Durch dieses Rollenspiel wird für die S ein emotionaler Bezug zur Sprechsituation hergestellt, der Wunsch nach Kommunikation wächst.)

## *B Wer ist das?*

B1 **Lesetext: Peter und Petra**

a) Bilder ansehen, still lesen
b) Fragen laut lesen und beantworten
c) *fakultativ:* Text mit verteilten Rollen lesen

*Hinweis:* Die Personalpronomen *er/sie* werden in den Aufgaben zum Leseverständnis eingeführt, sollen aber noch nicht bewusst gemacht werden.

B2 **Lesetext: Rate mal! Wer ist das?**

a) still lesen
b) laut lesen, Personen identifizieren
c) *fakultativ* (auf Wunsch der S): Deutsche Mädchen- und Jungennamen sammeln (S bringen eigene Erfahrungen ein) und vergleichbare Namen in der Muttersprache suchen

**Grammatik**

a) Übersicht lesen
b) Beispielsätze bilden *(Er heißt Thomas. Er ist vierzehn Jahre alt.)*

## B 3 Das ist Davide

a) Foto ansehen und Text still lesen
b) Aufgabe Satz für Satz lösen. Die Rechenaufgabe dient der Selbstkontrolle. Zuordnung von Buchstabe und Zahl helfen beim Finden der richtigen Lösung.
c) *fakultativ:* einen Text aus B 2 entsprechend verrätseln und in Partnerarbeit lösen

## B 4 Hörtext: Besuch bei Oma

a) Bild ansehen
b) Bild ansehen, Text auf Cassette einmal hören
c) Aufgaben still lesen
d) Text noch einmal hören
e) Aufgaben in Klassenarbeit lösen

## B 5 Schreibanlass: Domino

a) Einführung und Vorgaben still lesen
b) jede Frage einzeln vorlesen
c) Auf jede Frage mit den Angaben des ersten Beispiels antworten
d) zu jeder Frage die Antworten mit den Vorgaben des zweiten Beispiels aufschreiben (ganze Sätze: *Sie heißt …*)
e) Fragen (du-Form) und Antworten zur eigenen Person aufschreiben (ich-Form)
f) in der Klasse korrigieren

## B 6 Schreibanlass: E-Mail

a) Text still lesen
b) die wichtigsten Informationen des Textes benennen
c) Redetext fortsetzen
d) in Stillarbeit Antworttext schreiben
e) Texte gemeinsam verbessern

# *Na so was!*

## Pingpong

a) Cassette hören, still mitlesen
b) mit verteilten Rollen lesen
c) szenische Darstellung
d) Dialog mit dem zweiten Kandidaten entwickeln (in Klassen- oder Partnerarbeit)
e) Dialog sinnvoll ergänzen (die Kandidaten antworten korrekt)
f) Rollenspiel mit freier Ergänzung

## ▶ *Einstiegsseite*

a) Bild ansehen
b) Cassette hören, dabei Bild ansehen
c) Cassette abschnittweise hören, Personen auf dem Bild den Hörtexten zuordnen

## *A Ich und meine Familie*

### A1 Lesetext: Ein Fotoalbum

a) Bilder ansehen, Text zudecken
b) Bilder ansehen, Cassette bei verdecktem Text hören
c) Cassette bei verdecktem Text abschnittweise hören, Bilder zuordnen (so weit möglich)
d) Cassette abschnittweise hören, Text still mitlesen, Bilder zuordnen
e) Text mit verteilten Rollen lesen (auf Aussprache achten)
f) falls sich beim lauten Lesen Aussprachefehler ergeben: Cassette satzweise hören, mitlesen und laut wiederholen
g) *fakultativ:* S bringen Familienfotos mit, daraus wird eine Collage angefertigt. Strukturen wie im Lesetext frei in der Klasse anwenden.

**Grammatik**

L kann erklären, dass es im Deutschen drei Genera gibt. Auf die Erklärung des bestimmten Artikel wird aber noch bewusst verzichtet.

### A2 Lesetext: Komische Geschichten

a) Szenen still lesen
b) Szenen mit verteilten Rollen lesen, dabei den unbestimmten Artikel oder Possessivartikel einsetzen

### A3 Rätsel: Hallo, Marvin!

a) Text still lesen
b) unbestimmten Artikel oder Possessivpronomen einsetzen und Rechenrätsel lösen
c) Lösung in der Klasse überprüfen

## *B Das ABC*

### B1 Geheimschrift

a) Einleitungstext lesen und ABC ansehen
b) Brief in Geheimschrift entziffern

c) Brief richtig schreiben
d) eigene Namen buchstabieren

## B 2 Hörtext: Hör zu und schreib auf

a) Beispiel auf der Cassette hören
b) buchstabierte Wörter einzeln von der Cassette hören und aufschreiben
c) gemeinsam lesen und kontrollieren
d) *„Das Spinnenspiel“:* L (oder ein S) denkt sich ein Wort und schreibt den Anfangsbuchstaben und macht dann so viel Striche, wie das Wort Buchstaben hat (Beispiel: Freund = F_ _ _ _ _), an die Tafel. Die Klasse nennt einzelne Buchstaben. Wenn die Buchstaben in dem Wort vorkommen, werden sie eingesetzt. Bei jedem genannten Buchstaben, der nicht im Wort vorkommt, wird ein „Spinnenbein“ an die Tafel gezeichnet. So entsteht langsam eine „Spinne“. Wenn die „Spinne“ (mit 8 Beinen) fertig ist, bevor das Wort geraten wurde, hat die Klasse verloren. (Auch als Spiel in der Gruppe geeignet)
e) *fakultativ:* Spielvariante mit Wiederholung und Übung der bereits erlernten Sprachstrukturen: L (später ein S) denkt sich eine berühmte Persönlichkeit (möglichst eine Person, die einen anderen Wohnort als den Herkunftsort hat. Beispiel: Arnold Schwarzenegger, kommt aus Österreich, wohnt in Amerika.) und schreibt Vornamen und Nachnamen in Form von Strichen (Anzahl der Buchstaben) an die Tafel. Die S werden in 2 Gruppen geteilt und müssen versuchen, den Namen zu erraten (jeder Name = 1 Punkt). Es werden Fragen gestellt wie: *„Er“ oder „Sie?“ / „Wo wohnt er/sie?“ / „Woher kommt er/sie?“* (Länder-namen auf Deutsch angeben!) *fakultativ: „Lebt er/sie noch?“ / fakultativ: „Was ist er/sie?“* (**L:** leicht verständliche Berufe wie z.B. Musiker, Politiker, Filmschauspieler etc. angeben. Dieser Wortschatz soll aber nicht gelernt werden!)
Ist der Name nach diesen Fragen immer noch nicht bekannt, kann er wie beim *Spinnenspiel* durch Buchstabieren erraten werden. Die Gruppe, die zuerst den Namen errät, bekommt einen Punkt. Wer mehr Punkte hat, gewinnt.

## B 3 Schreiben

a) **L:** eigenen Namen in deutscher Schreibschrift an die Tafel schreiben
b) S schreiben ihren Namen und Adresse in deutscher Schreibschrift auf Zettel (Vorlage: Alphabet in B1)
c) Zettel einsammeln, mischen, verteilen. S lesen die Angaben und geben die Zettel dem Urheber zurück. Dabei Sätze sprechen: *Er/Sie heißt ... / Er/Sie wohnt in ...*
d) Brief in Stillarbeit schreiben (Aufgabe b)
e) in Partnerarbeit korrigieren
f) Briefe einsammeln. Einige Briefe vorlesen. S raten, wer den Brief geschrieben hat.

### *Na so was!*

**1. Ferienfotos**

a) Cassette hören, mitlesen
b) mit verteilten Rollen lesen

**2. Nicht zu Hause**

wie 1, auf Intonation achten

## Lektion 4: Zu Hause

### ▶ *Einstiegsseite*

a) Fotos anschauen
b) Verben und die erklärenden Zeichnungen anschauen
c) Verben und Fotos zuordnen

### A *Ich und meine Freunde*

A1 **Sktext: Eine Party**

a) 1. und 2. Abschnitt jeweils einmal ganz, dann satzweise von der Cassette hören, laut wiederholen, nicht mitlesen
b) 1. und 2. Abschnitt mit verteilten Rollen lesen
c) 3. Abschnitt still lesen
d) 3. Abschnitt mit verteilten Rollen lesen
e) weitere Telefongespräche in Partnerarbeit entwickeln (nur mündlich)
f) szenische Darstellung (Schüler dürfen sich bei einem Telefongespräch nicht ansehen!)

A2 **Hörtext: Richtig oder falsch?**

a) Bild ansehen und Aussagen lesen
b) Text ganz von der Cassette hören
c) Text abschnittweise hören und Aussagen bestätigen oder verbessern
d) Text noch einmal ganz hören, den weiteren Personen Aussagen zuordnen

### B *Zahlen, Jahre, Nummern*

B1 **Zahlen und Jahre**

a) **L:** Zahlen 21 bis 31, 40 bis 100 und 1000 an die Tafel schreiben
b) Zahlen von der Cassette hören, laut wiederholen, an der Tafel zeigen
c) Zahlen in Worten im Buch lesen

d) **L:** weitere Zahlen an die Tafel schreiben, S verbalisieren
e) **L:** Unterschied zwischen Zahl und Jahresangabe bewusst machen
f) *fakultativ:* Übungsspiel Kettenrechnung: Die Klasse in zwei Gruppen teilen, Kettenrechnung an die Tafel schreiben, z. B. 21 + 9 + 25 – 20 = ?
Schritt 1: Wer zuerst die Summe auf Deutsch sagt, bekommt einen Punkt.
Schritt 2: Ein S der Siegergruppe (immer ein anderer) liest laut die Kettenrechnung vor. Bei jedem Fehler bekommt die Gegnergruppe einen Punkt. Sieger: die Gruppe mit den meisten Punkten
g) *fakultativ:* Übung zu Jahreszahlen: Frage-Antwort-Kette: „Wann bist du geboren?"

### B 2 Hörtext: Nummern (Telefon)

a) Beispiel von der Cassette hören, dabei die Telefonnummer im Telefonbuchauszug suchen
b) Angaben abschnittweise von der Cassette hören, im Telefonbuchauszug suchen und sich entsprechend melden

## *C Was macht die Familie?*

### C 1 Sktext: Was machst du?

a) Bild ansehen, Text zudecken, Cassette hören, satzweise nachsprechen
b) in Partnerarbeit Strukturen mit den Varianten (Verben) einüben
Beispiel: schreiben
S1: Was machst du denn?
S2: Das siehst du doch. Ich schreibe.

### C 2 Sktext: Ich möchte ...

a) Dialoge von der Cassette hören, dabei still mitlesen
b) mit verteilten Rollen lesen
c) in Partnerarbeit Strukturen mit den Varianten einüben
d) *fakultativ:* Spiel „Pantomime": Ein S stellt hinter dem Rücken der Klasse eine Tätigkeit pantomimisch dar. Die Klasse fragt: *„Liest du?", „Schreibst du?" etc.*

### C 3 Was macht ...?

a) Bild 1 ansehen und Text still lesen
b) Text mit verteilten Rollen laut lesen
c) Bild 2 ansehen und Fragen *„Was macht sie?, Was möchte sie machen?"* beantworten
d) Dialog zu Bild 2 in der Klasse erarbeiten
e) Dialog 2 laut sprechen

**Grammatik**

a) Sätze lesen
b) Aussagesätze mit bereits bekannten Verben üben (mit und ohne *möchte*)

### C 4 Anzeigen

a) Texte einzeln laut vorlesen mit Pause an Stelle der Druckfehler
b) Lückenwörter einsetzen
c) vollständige Texte laut lesen

### C 5 Lesetext: Familien in Deutschland

a) still lesen
b) Raster im Heft anfertigen (nach dem Beispiel) und ausfüllen

### C 6 Würfelspiel

*Spielvorbereitung:* Spielsteine und Würfel mitbringen
Didaktisches Ziel: Übung und Wiederholung der Verbkonjugation

### C 7 Schreibanlass: Familienquiz

a) Vorgaben lesen
b) einige Beispielsätze in Klassenarbeit mündlich formulieren
c) in Stillarbeit Texte schreiben
d) Texte gemeinsam verbessern

### *Na so was!*

1. Ich heiße …
a) Cassette hören
b) Cassette noch einmal hören und mitlesen
c) mit verteilten Rollen lesen

2. Lied: Ich mach' heut' eine Party
a) Cassette hören
b) noch einmal hören, mitlesen und mitsingen
c) nach der ersten Strophe weitere Strophen machen *(Die Schülerband kommt auch, die spielt so wunderbar. – Ich möchte heut' nicht lernen, ich mach' eine Party, hurra!)*

## Lektion 5: Schule

### ▶ *Einstiegsseite*

a) Bild ansehen
b) Cassette hören, dabei Bild ansehen
c) Cassette abschnittweise hören, Bilder zuordnen (entsprechende Unterrichtsfächer aus der Wortliste unten suchen)

# A Die Unterrichtsfächer

**A1** **Stundenplan**

a) Namen der Unterrichtsfächer (im Kasten) lesen
b) Stundenplan als Bilderrätsel lösen (Aufgabe a)
c) Fragen in der Klasse stellen und beantworten (Aufgaben b und c)
d) den eigenen Stundenplan mit deutschen Namen der Unterrichtsfächer aufschreiben

**A2** **Wie findet Florian die Fächer?**

a) L liest Aussagen vor, S wiederholen
b) Kirstens Aussagen dem Gesichtsausdruck entsprechend formulieren
c) in der Klasse (oder in Partnerarbeit) Fragen stellen und beantworten

**A3** **Hörtext: Hör zu**

a) Text von der Cassette hören
b) die Stundenpläne ansehen, Text noch einmal hören
c) die Informationen aus dem Hörtext entnehmen und den Leerstellen in beiden Stundenplänen zuordnen, dabei die Ordnungszahlen in der feststehenden Formulierung *„in der ersten Stunde"* etc. anwenden
d) Frage-Antwort-Kette in der Klasse: *„Was hast du am … in der … Stunde?"* (auf Tempo spielen!)
*Tipp:* Um diese Fragen etwas interessanter zu gestalten, kann man vorher einen „Wunschstundenplan" erstellen lassen. Damit erfragen die S ihnen jeweils unbekannte Stundenpläne.

**A4** **Sktext: Was habt ihr jetzt?**

a) Bild ansehen, Cassette hören
b) mit verteilten Rollen lesen
c) in Partnerarbeit weitere Dialoge mit den Varianten entwickeln

**Grammatik**

a) Tabelle ansehen
b) Aussagesätze und Fragen formulieren: *„Wir singen in Musik …" / „Wir haben am Montag …" / „Singt ihr …?" / „Habt ihr …?"* etc.
c) Spiel „Interplanetares Treffen": Die Klasse wird in zwei (oder mehr) Gruppen geteilt. Jede Gruppe stellt ein „Volk eines anderen Planeten" dar. Die S denken sich aus, wie ihr Planet heißt, wie das Volk heißt, wie alt das Volk ist etc. Nach einigen Minuten gemeinsamer Vorbereitungszeit stellen die Gruppen einander Fragen (z.B. *„Woher kommt ihr?" / „Wie heißt ihr?"*)
L: Tafelanschrift zur Vorentlastung: Präsentation eines „Planetariers", z.B. *„Ich heiße 212, ich komme vom Mars, ich bin 10.001 Jahre alt, mein Bruder heißt 2001"* etc. (nur bekannte Sprachmittel anwenden)
*Didaktisches Ziel:* Festigung der Verbkonjugation (1. und 2. Person Plural) und der Wortstellung im Fragesatz

**A 5** **Spiel: Schiffchen versenken**

*Spielvorbereitung:* 2 Gruppen (klassenweise oder in Kleingruppen) spielen gegeneinander. Jede Gruppe macht zwei Spielpläne (Stundenpläne) nach dem vorgegebenen Muster: einen Plan für die eigenen Stunden und einen zweiten, in den die Antworten der gegnerischen Gruppe eingetragen werden.

## B *Quatsch*

**B 1** **Schreibanlass: Wir sind drei Freunde**

a) still lesen
b) Text schriftlich verbessern
c) in Partnerarbeit eigenen Quatsch-Text schreiben
d) in der Klasse vorlesen

**B 2** **Diese Zwillinge**

a) still lesen
b) mit verteilten Rollen lesen, dabei Verbformen einsetzen

## C *Schule in Deutschland*

**C 1** **Lesetext: Ist das richtig?**

a) Bilder ansehen
b) Texte lesen und den Bildern zuordnen
c) Klassengespräch: Informationen aus dem Text mit den schulischen Bedingungen im Heimatland vergleichen (in der Muttersprache)

**Grammatik**

Sätze mit Verben in der 3. Person Plural bilden

**C 2** **Schreibaufgabe**

a) Bilder auf S. 47 ansehen und darüber sprechen
b) Sätze zu den einzelnen Bildern schreiben

**C 3** **Ergänze**

a) still lesen
b) mit verteilten Rollen lesen, Text dabei ergänzen

*Deutsches Schulsystem*

a) Zeichnung ansehen
b) Klassengespräch: Parallelen und Unterschiede zum eigenen Schulsystem feststellen (in der Muttersprache)
c) eigene Position im deutschen Schulsystem suchen (*„Ich bin in der …schule / im Gymnasium in Klasse …“*)

**C 4** **Zeugnis**

a) Zeugnis still lesen
b) Fragen in der Klasse gemeinsam lesen und beantworten
c) deutsche Notengebung mit eigenem Notensystem vergleichen
d) Zeugnis mit deutschen Noten für einen Lehrer in Partner- oder Stillarbeit erstellen
e) Informationen aus dem „Lehrerzeugnis“ erfragen

**C 5** **Schreibanlass: Eine tolle Schule**

a) Vorgaben lesen
b) Beispiele und Briefanfang in der Klasse formulieren
c) in Stillarbeit den »Beitrag zum Wettbewerb« schreiben
d) Texte gemeinsam verbessern

### *Na so was!*

**Schüler-Boogie**

a) Lied von der Cassette hören
b) Lied noch einmal hören, Melodie mitsummen
c) L liest Text vor, S lesen still mit und sprechen nach
d) Text rhythmisch lesen
e) Lied von der Cassette hören, Text still mitlesen
f) Lied von der Cassette hören, mitsingen
g) Text dem eigenen Stundenplan entsprechend verändern

## Lektion 6: Schulsachen

### ► *Einstiegsseite*

a) Bilder ansehen
b) Bilder ordnen
c) Bild A genau ansehen und Schulsachen in der Muttersprache benennen
d) die Schulsachen deutschen Schulfächern zuordnen

### *A Das brauche ich*

**A 1** **Hörtext: Der Neue**

a) Bilder ansehen und die Aussagen darunter lesen
b) Text ganz von der Cassette hören
c) Text abschnittweise hören und Aussagen bestätigen oder verbessern

**A2** **Hörtext: Das ist ein ...**

a) Beispiel von der Cassette hören und im Raster suchen
b) Angaben abschnittweise von der Cassette hören, im Raster suchen, nachsprechen
c) Angaben noch einmal abschnittweise hören, im Raster suchen, Lösung laut sprechen, Bestätigung von der Cassette hören
d) Spiel: In der Klasse in der gleichen Weise das Ratespiel weiterführen. Schnell spielen! Wer einen Fehler macht, scheidet aus.

**A3** **Sktext: Wo ist denn nur?**

a) Bilder ansehen, Cassette hören und nachsprechen
b) mit verteilten Rollen lesen
c) in Partnerarbeit weitere Dialoge mit den Wörtern aus A2 entwickeln

**A4** **Drudel**

*Drudel = Bilderrätsel*
a) Beispiel ansehen, Lösung zudecken und selbst finden
b) Dialoge a-c mit verteilten Rollen lesen, Lösung finden. Ab Abbildung d selbständig Fragen in der Klasse stellen. Nur der jeweils Fragende darf die Lösung lesen.
c) in Partnerarbeit weitere Drudel erfinden und erfragen, in ganzen Sätzen antworten

**Grammatik**

*kein* als Negation von *ein* einführen
*Tipp:* „Zaubertrick“: L hat einen Füller in der Hand und sagt *„Hier ist ein Füller!“*, lässt den Füller verschwinden, zeigt die leere Hand und sagt *„Hier ist kein Füller!“*.

**A5** **Sktext: Das ist kein(e) ...**

a) Bild ansehen, Cassette mit beiden Varianten hören und nachsprechen
b) mit verteilten Rollen lesen, dabei eine Variante als Sprachreaktion aussuchen
c) in Partnerarbeit weitere Dialoge entwickeln

**A6** **Wo sind die Sachen?**

a) Fragen lesen, im Suchbild den jeweiligen Gegenstand suchen und antworten
b) Wiederholung als „Tempospiel“ in der Klasse

**A7** **Sktext: Na ja!**

a) Bild ansehen, Cassette hören
b) mit verteilten Rollen lesen
c) in Partnerarbeit weitere Dialoge entwickeln

**Grammatik**

bereits bekannte Nomen in einen selbst angefertigten Raster nach Genera *der – das – die* eintragen und Sätze bilden; weitere Sätze mit *ein, mein, dein* und *kein* bilden

## B Das gibt es in der Schule

### B 1 Lesetext: Was fehlt (der/ein, das/ein, die/eine)?

a) Bilder ansehen und Texte still lesen
b) Texte laut lesen und die Artikel einsetzen

### B 2 Sktext: Verflixt!

a) Bild ansehen, Cassette mit beiden Varianten hören und nachsprechen
b) mit verteilten Rollen lesen
c) in Partnerarbeit weitere Dialoge entwickeln

**Grammatik**

Sätze bilden, z.B. *„Wo ist denn nur mein Bleistift? Er ist weg."*

### B 3 Willkommen in der 7 c

a) Text lesen
b) Text noch einmal lesen und dabei Lückenwörter einsetzen
c) Lösung anhand des Rechenrätsels überprüfen
d) in Einzelarbeit Antwortbrief schreiben
e) in Partnerarbeit korrigieren

### B 4 Hörtext: Im Schreibwarenladen

a) Raster nach vorgegebenem Muster anfertigen
b) Text einmal von der Cassette hören
c) Aufgaben lesen
d) Text noch einmal hören, im Raster ankreuzen (Aufgaben a und c) bzw. Zahlen aufschreiben (Aufgabe b)

**Grammatik**

zu bereits bekannten Nomen den Plural ergänzen

### B 5 Sprechanlass: Wir reden in der Gruppe

Spiel in der Klasse: Ein S. zieht eine Handlungskarte und formuliert eine dazu passende Frage oder Aufforderung. Wer die Frage richtig beantwortet oder auf die Aufforderung richtig reagiert, darf die nächste Handlungskarte ziehen.

## *Na so was!*

**Schulwitze**

a) Text lesen
b) in der Klasse über Witze sprechen (in der Muttersprache)
c) Witze zum Thema „Schule" in der Muttersprache erzählen.

**Spiel: Das Schulhausspiel**

*Spielvorbereitung:* Spielsteine und Würfel mitbringen
In Kleingruppen spielen!

# Lektion 7: Leute, Leute

## ▶ *Einstiegsseite*

a) Bilder ansehen, Cassette hören
b) Bilder ansehen, Cassette abschnittweise hören, Bilder zuordnen (Aufgabe a)
c) Bilder ansehen, Personen benennen (Aufgabe b)
d) **L:** Adjektive lesen, erklären oder pantomimisch erläutern
e) den Personen Eigenschaften zuordnen (Aufgabe c)

## *A Diese Lehrer!*

A1 **Lesetext: Lehrerquiz**

a) still lesen
b) Textabschnitte den Bildern zuordnen
c) Wörter aus dem Raster (*alle – niemand,* etc.) in Sätzen (kombiniert mit der jeweiligen Handlung) erläutern, z.B.: *„Alle sprechen. Niemand spricht."*
d) Sätze aus b) in Stillarbeit Satz für Satz lesen und am Text überprüfen
e) Selbstkontrolle durch das Rechenrätsel

A2 **Sktext: Verflixt!**

a) Bild ansehen, Cassette hören
b) **L:** den Begriff *Aufsatz* („= einen Text zu einem Thema schreiben") erläutern
c) Dialog mit verteilten Rollen lesen, auf Intonation achten
d) in Partnerarbeit weitere Dialoge entwickeln

**Grammatik**

Tabelle ansehen; **L:** Änderung bei Maskulinum von *der* auf *den* bewusst machen

A3 **Sktext: Wo ist denn nur ...?**

a) Cassette hören, mitlesen, nachsprechen
b) Dialog mit bekannten Nomen variieren
c) die neuen Nomen mit dem Minidialog einüben, erst in Klassen-, dann in Partnerarbeit

A4 **Lesetext: Ein Brief**

a) still lesen
b) laut lesen, dabei richtige Reihenfolge bestimmen
c) Angaben zum Antwortbrief lesen
d) gemeinsam Sätze formulieren
e) in Stillarbeit den Antwortbrief schreiben
f) Texte gemeinsam verbessern
g) *fakultativ:* einen weiteren Brief (Susis Antwort auf Corris Fragen) schreiben, jeweilige Antworten selbst erfinden

## B Miteinander reden

### B 1 Hörtext: Was sagt der Lehrer?

*Hinweis:* S müssen die Anweisungen nur verstehen, nicht aktiv beherrschen
Texte von der Cassette hören, dabei Bildsymbole ansehen

### B 2 Hörtext: Was sagt er jetzt?

Texte abschnittweise hören, Nummern der passenden Bilder aufschreiben, anschließend gemeinsam korrigieren

### B 3 Sktext: Komm bitte ...!

a) Bild ansehen, Cassette hören
b) Redemittel: *Das sagt der Lehrer*
L liest Anweisungen (Teil 1 ohne Modalpartikeln) zweimal vor, beim zweiten Mal führt jeweils ein S die Anweisungen aus
L liest Anweisungen (Teil 2, mit Modalpartikeln) vor, S lesen nicht mit, sprechen nach
Anweisungen (Teil 1 und Teil 2) laut lesen, auf Intonation achten (mit Modalpartikeln: freundlich / ohne Modalpartikeln: streng)
*Hinweis:* S sollen Modalpartikeln als vielfach unübersetzbare Satzelemente verstehen lernen, die eine wichtige Rolle bei der Intonation spielen und die die Aussage verändern können. Auch an anderen Stellen im Buch sollte man der Bedeutung der Modalpartikeln durch gezielte Intonationsübungen (in Kombination mit Gestik und Mimik) gerecht werden.
c) Redemittel: *Das sagt die Mutter*
Anweisungen laut lesen, auf Intonation achten; Cassette hören und mitlesen; S lesen Anweisungen noch einmal mit entsprechender Intonation; in Klassenarbeit weitere Anweisungen formulieren

**Grammatik**

a) Konjugation der Verben *geben* und *nehmen* mit Beispielsätzen einüben
b) regelmäßige Bildung des Imperativs herausarbeiten, unregelmäßige Formen angeben
c) S geben sich gegenseitig Anweisungen (in Singular und Plural) und führen diese aus

### B 4 Freundlich (+) – unfreundlich (–)

Klassenarbeit: Bildsymbole und Infinitivvorgaben in freundliche (+) bzw. strenge (–) Anweisungen umsetzen

### B 5 Wir reden in der Gruppe

Spiel in der Klasse oder in Partnerarbeit
*Hinweis:* Kärtchen aufheben und Spiel zur Wiederholung ab und zu erneut einsetzen

## B 6 Hörtext: Hausaufgaben notieren

a) Angaben lesen
b) Text von der Cassette einmal ganz hören
c) Cassette abschnittweise hören, Hausaufgabe entsprechend dem Beispiel notieren
d) gemeinsam korrigieren
e) wenn nötig: Cassette noch einmal hören, gemeinsam Notizen aufschreiben

## B 7 Lesetext: Die SMV (Schülermitverwaltung)

*Landeskundliche Information:* In deutschen Schulen werden normalerweise in jeder Klasse zwei Klassensprecher gewählt, ein amtierender (erster) Klassensprecher und als Vertretung ein zweiter Klassensprecher. Sie vertreten die gesamte Klasse bei Problemen mit den Lehrern und der Schule. An Gymnasien gibt es die sogenannte Schülermitverwaltung (SMV), die aus allen Klassensprechern gebildet wird und die Vorsitzenden wählt (zumeist die Klassensprecher der höheren Klassen). Die SMV vertritt die Interessen der Schüler gegenüber den Lehrern und der Schulleitung. Zudem kümmert sie sich um die Organisation von Veranstaltungen, die Beratung von Mitschülern und manchmal auch um die Schulbibliothek. *Hinweis:* In manchen Bundesländern (z.B. in Nordrhein-Westfalen) nennt man die SMV auch SV (=Schülervertretung).
a) Text still lesen und Bilder ansehen
b) Angaben zu „Was macht die SMV?“ gemeinsam lesen und jeweils als richtig oder falsch einstufen
c) Klassengespräch: Aufgaben der Klassensprecher und der SMV in deutschen Schulen diskutieren und mit der eigenen Schulsituation vergleichen (in der Muttersprache)
d) über die Situation im eigenen Land sprechen (in der Muttersprache)

## B 8 Sktext: Ab heute sagen wir „Sie“

a) Bild ansehen, Cassette hören, nicht mitlesen, nachsprechen
b) **L:** Begriff *erwachsen* erläutern
c) mit verteilten Rollen lesen
*Landeskundliche Information:* In Deutschland siezen die Lehrer ihre Schüler ab dem 10. Schuljahr (Durchschnittsalter der Schüler: 15/16 Jahre). Nur die Schüler werden geduzt, die dem Lehrer die ausdrückliche Erlaubnis dazu geben.

### Grammatik

Tabelle ansehen; **L:** Anwendung der Höflichkeitsform (muttersprachlich) erläutern

## B 9 Was sagen die Personen?

a) Bilder ansehen und versuchen, die Situation zu erraten
b) Text still lesen
c) Text noch einmal lesen und in Partnerarbeit die Dialogteile den Bildern zuordnen
d) Lösung in der Klasse überprüfen
e) beide Dialoge laut sprechen
f) Rollenspiel: **L:** Situation und handelnde Personen (Erwachsene, Jugendliche, Verwandte) vorgeben, entsprechende Redemittel reaktivieren (frei äußern oder gemeinsam erarbeiten)

Beispiele: Zwei unverheiratete Erwachsene lernen sich über Zeitungsinserat kennen; Treffen in einem Lokal / Ein Lehrer hat „Schule geschwänzt" und trifft einen Schüler / Treffen zweier Stars mit unterschiedlichen Berufen, z.B. Tennisspieler und Opernsängerin

### *Na so was!*

### *Ein Schülerstreich*

a) Comic gemeinsam ansehen
b) mit verteilten Rollen lesen
c) in Partnerarbeit Text des Zettels auf dem Rücken des Lehrers erfinden
d) in Gruppenarbeit die Fortsetzung der Geschichte schreiben
e) verschiedene Versionen in der Klasse vortragen und gemeinsam verbessern

## Lektion 8: Junge Leute

### ▶ *Einstiegsseite*

a) Sprechblasen lesen
b) Bilder anschauen und Sprechblasen zuordnen
c) Klassengespräch: Was gibt es bei uns auch?
Was gibt es nicht?

### A *Freunde! Freunde?*

**A1 Sktext: Hunger und Durst**

a) Cassette hören, nicht mitlesen, nachsprechen (mit Gesten unterstützen)
b) die neuen Wörter mit Dialog 1 und 2 einüben

**Grammatik**

a) L: Änderung bei Maskulinum von *ein* zu *einen* bewusst machen
b) Nominativ und Akkusativ der unbestimmten Artikel in weiteren Sätzen anwenden
c) Spiel: 1. S: *„Ich packe meine Tasche. Ich nehme einen Füller mit." 2. S: „Ich packe meine Tasche. Ich nehme einen Füller und ein Pausenbrot mit." 3. S: „Ich packe meine Tasche. Ich nehme einen Füller, ein Pausenbrot und … mit."* usw.

**A2 Hörtext: Hör zu**

a) Beispiel auf der Cassette hören
b) Angaben abschnittweise von der Cassette hören; S sprechen die Lösung nach der Frage und vor der Bestätigung des Sprechers
c) Ablauf wie in b), dabei besonders auf den richtigen Artikel achten, bei Fehlern die richtige Lösung noch einmal von der Cassette hören und wiederholen

**A3** **Sktext: Leihst du mir ...?**

a) L: den Begriff *leihen* durch szenische Darstellung erläutern (L „leiht sich" etwas von einem S aus.)
   *Hinweis:* Personalpronomen *mir* und *dir* nicht grammatikalisch bewusst machen, sondern zunächst im Satz als feststehende Wendung lernen lassen
b) Cassette hören, nicht mitlesen, nachsprechen (mit Gesten unterstützen)
c) in Partnerarbeit weitere Dialoge entwickeln

**Grammatik**

Spiel (zur Einübung des Akkusativs der Personalpronomen): jeweils ein S übergibt der Klasse fünf Gegenstände (z.B. Füller, Federmäppchen etc.) und verlässt den Raum. Die Gegenstände werden in der Klasse verteilt. Der S kommt in den Raum zurück und fragt verschiedene S: *„Hast du mein/e/n ...“*, der befragte S antwortet: *„Ja, ich habe ihn/es/sie.“* oder: *„Nein, ich habe ihn/es/sie nicht.“*

**A4** **Sktext: Was hast du denn da?**

a) Bild ansehen, Cassette hören, nachsprechen
b) in Partnerarbeit weitere Dialoge entwickeln

## *B Das ist interessant!*

**B1** **Sktext: Ein Autogramm**

a) Bild ansehen, Cassette hören, nicht mitlesen, nachsprechen
b) mit verteilten Rollen lesen
c) Dialog szenisch darstellen
d) in Partnerarbeit weitere Dialoge entwickeln

**Grammatik**

a) **L:** Beispielsätze (Subjekt-Verb-Akkusativobjekt) an die Tafel schreiben, Subjekt oder Objekt abwischen und mit Fragepronomen erfragen lassen
b) *fakultativ:* Spiel: Domino (zum Einüben des Akkusativs)
   **L:** *Spielvorbereitung:* Karten (bei Gruppenbildung in mehrfacher Ausfertigung) mit zweigeteilter Struktur vorbereiten: Links: ein Substantiv mit bestimmtem/unbestimmtem Artikel im Nominativ oder Akkusativ; rechts: ein Satzanfang mit Subjekt und Verb oder Fragepronomen und Verb

   Beispiel: | einen Apfel. | Wo ist | oder | der Füller? | Ich habe |

   Die Karten werden gleichmäßig an alle Mitspieler verteilt. Eine Karte wird auf den Tisch gelegt (bzw. an die Tafel geklebt), und nun versuchen alle S der Reihe nach ihre Karten anzulegen. Gewinner ist, wer die meisten Karten anlegen kann.

## B 2 Lesetext: Das schwarze Brett

a) Texte (Anzeigen und „Gedankenblasen“) still lesen
b) ein S liest eine Anzeige vor, ein anderer S sucht die passende Reaktion
c) S schreiben selbst Texte in Stillarbeit und lesen sie vor

## B 3 Fragen und Antworten

a) Zuordnungsaufgabe (Aufgabe a) in Stillarbeit lösen
b) in Partnerarbeit abwechselnd Fragen bilden (Aufgabe b) und beantworten

## B 4 Spiel: Quartett

**L:** Farben einführen, z.B. mit der Frage: *„Was ist deine Lieblingsfarbe?“*
*Spielvorbereitung:* als Hausaufgabe Quartettkarten erstellen
in Kleingruppen spielen

## B 5 Lesetext: Warum?

a) still lesen
b) in Klassenarbeit Brief 1 (»Markus«) in Abschnitten lesen und die passenden Reaktionen der Mutter (unten) zuordnen
c) Brief 2 und 3 (»Thomas«, »Carina«) in Abschnitten lesen und die Reaktionen der Angesprochenen (positiv oder negativ) formulieren
d) Antworten schriftlich formulieren
e) in Klassenarbeit einige *Warum*-Fragen formulieren
f) in Stillarbeit einen »Warum-Brief« abfassen
g) vorlesen und gemeinsam Reaktionen formulieren

### Grammatik

a) *Warum*-Frage und Antwort mit Hauptsatz üben
*Hinweis:* Der Nebensatz mit *weil* wird hier bewusst noch vermieden, um beispielsweise Interferenzen zu vermeiden. (*Warum* und *weil* lauten in manchen Herkunftssprachen gleich!)
b) Spiel
*Spielvorbereitung: Warum*-Fragen auf rote Karten und passende Antworten (Hauptsatz) auf blaue Karten schreiben. Karten mischen und verteilen.
*Spiel:* Jeder S erhält eine rote und eine blaue Karte. S1 stellt S2 seine Frage. Dieser liest seine Antwort vor. Passt sie, gibt er S1 seine beiden Karten. S1 legt Kartenpaar ab und stellt S3 die nächste Frage. Passt die Antwort von S2 nicht, macht er mit seiner Fragekarte weiter. Sieger ist, wer die meisten Kartenpaare hat.
c) Konjugation von *mögen* üben

## B 6 Frag deinen Partner

Dialoge mit dem Dialograster zunächst in Klassen-, dann in Partnerarbeit entwickeln

## *Na so was!*

**Interview mit Sonny Glück**

a) Text einmal ganz hören
b) Fragen lesen
c) Text lesen und im Klassengespräch persönliche Meinung äußern

# Lektion 9: Alle Tage wieder

## ► *Einstiegsseite*

a) Abbildungen ansehen und Wörter laut lesen (Aussprache mit Hilfe von L)
b) Peters Sachen ansehen, seine Hobbys aufgrund der Gegenstände identifizieren und Sätze bilden, dabei auf Satzstellung und Personalform der Verben achten

## *A Welche Hobbys hast du?*

A1 **Lesetext: Hobbys heute und damals**

a) Texte still lesen, Bilder ansehen
b) Fragen unten beantworten (Klassen- und Partnerarbeit)

A2 **Sktext: Telefongespräch**

a) Cassette hören, nicht mitlesen, nachsprechen
b) mit verteilten Rollen lesen
c) neue Verben pantomimisch darstellen (auch als Ratespiel)
d) in Partnerarbeit weitere Dialoge entwickeln

**Grammatik**

**L:** trennbare Verben visuell bewusst machen: Verbkarten zerschneiden, Verbstamm und Präfix farbig hervorheben
Spiel zur Festigung der trennbaren Verben:
*Spielvorbereitung:* L schreibt verschiedene Sätze mit trennbaren Verben auf Wortkarten (2 Kartensätze)
*Spiel:* Die Klasse wird in zwei Gruppen geteilt, jede Gruppe erhält einen Kartensatz. Die Gruppe, die zuerst alle Sätze richtig zusammengesetzt hat, hat gewonnen.

A3 **Hobby-Hitliste**

a) erste Liste („Lena“) und die dazu ausformulierten Sätze laut lesen
b) zweite Liste („Thomas“) lesen, Sätze formulieren
c) Fragen (Aufgabe a ) beantworten
d) eigene Hobbyliste anfertigen (Aufgabe b), Sätze dazu formulieren
e) in Partnerarbeit gegenseitig die Hobbys erfragen (Aufgabe c)

f) Ratespiel: Alle Hobbylisten werden eingesammelt. Verschiedene Hobbylisten werden vorgelesen, die Klasse rät jeweils, von welchem Mitschüler die Liste geschrieben wurde.

### A4 Hörtext: Die Neue

a) Bild ansehen und Aussagen lesen
b) Text ganz von der Cassette hören
c) Text abschnittweise hören und Aussagen bestätigen oder verbessern

## *B Tag für Tag*

### B1 Willi Weiß ...

a) Text still lesen
b) Text fortsetzen (mit Alliterationen für die restlichen Wochentage)
c) L erläutert Jahreszeiten mit Hilfe der Illustrationen, S formulieren weitere Sätze (mit Alliterationen)
d) S befragen sich gegenseitig, z.B: *„Was machst du am Montag?“, „Was machst du im Frühling?“*

### B2 Frag deinen Partner

a) Bilder (Tageszeiten) ansehen und Sätze bilden
b) gegenseitige Befragung in Partnerarbeit

**Grammatik**

a) Inversion durch vertauschbare Wortkarten visuell darstellen
b) Wettkampfspiel in Gruppen: Sortieren von Wortkarten zu ganzen Sätzen (mit und ohne Inversion)

### B3 Sktext: Kommst du mit?

a) Bild ansehen, Cassette hören
b) mit verteilten Rollen lesen
c) in Partnerarbeit weitere Dialoge mit den Varianten entwickeln

### B4 Sktext: Was passiert um ein Uhr?

a) an einer Demonstrationsuhr oder mit Hilfe von (an die Tafel) gezeichneten Uhren die deutschen Uhrzeiten erklären
b) L gibt die Uhrzeiten an, S stellen an der Demonstrationsuhr ein oder zeichnen Uhrzeit auf
c) L stellt die Uhrzeiten ein (oder zeichnet sie auf), S verbalisieren
d) Sktext: Uhr im Buch ansehen, Text von der Cassette hören, nachsprechen, nicht mitlesen
e) mit verteilten Rollen lesen
f) den Dialog mit den unten angegebenen Uhrzeiten in Partnerarbeit erweitern

B 5 **Hörtext: Hör zu**

a) Text von der Cassette mehrmals hören, dabei Bild ansehen
b) Fragen beantworten

**Grammatik**

weitere Beispielsätze bilden

B 6 **Sktext: Komm schon!**

a) Bild ansehen, Cassette hören
b) mit verteilten Rollen lesen
c) in Partnerarbeit weitere Dialoge mit den Varianten entwickeln

B 7 **Lesetext: Claudias Tag**

a) still lesen
b) in Partner- oder Klassenarbeit die Aussagen den Uhrzeiten zuordnen
c) Claudias Tagesablauf in Sätzen mit Inversion formulieren
d) Partnerarbeit: einander Fragen zum Tagesablauf stellen und beantworten

B 8 **Claudia muss / kann ...**

a) in Klassenarbeit mit Hilfe des Textes B7 eine Liste mit Claudias Pflichten anfertigen und Sätze mit *müssen* formulieren (Aufgabe a)
b) S stellen und beantworten einander in Klassen- oder Partnerarbeit die Frage: *„Was musst du jeden Tag machen?"*
c) in Partnerarbeit eine weitere Liste für den freien Samstag/Sonntag anfertigen (Aufgabe b)
d) in Klassenarbeit die erarbeitete Liste ausformulieren (Sätze mit *können*)
e) Verben zum Tagesablauf und zu Hobbys an der Tafel sammeln und Sätze bilden, z.B. *„Am Montag muss ich ...", „Am Sonntag kann ich ..."*

**Grammatik**

a) Konjugation der neuen Modalverben üben
b) **L:** Klammerstellung der Modalverben mit Infinitiv visuell darstellen und erläutern
c) weitere Beispielsätze mit *können* und *müssen* bilden

B 9 **Schreibanlass: Beschreibe deinen Sonntag**

a) in Stillarbeit den eigenen Sonntag oder einen Traumtag beschreiben
b) Texte gemeinsam verbessern

B 10 **Sktext: Ich kann heute nicht ...**

a) Bild ansehen, Cassette hören
b) mit verteilten Rollen lesen
c) in Partnerarbeit weitere Dialoge mit den Varianten entwickeln
d) *fakultativ:* **L:** Ausdrücke der Enttäuschung (z.B. *„Ach Mensch!", „So was Blödes!", „Schade!"*) erklären und Dialoge erweitern lassen. Auch positive Antwort (*„Ja, gern!"*

oder *„Ja gern, aber ich kann nur morgen." u.ä.)* durchspielen und szenisch darstellen lassen

## C Was möchtest du werden?

**C 1** **Berufe**

a) Angaben lesen
b) Personen und Tätigkeiten zuordnen
c) Sätze mit *können* bilden, z.B. *»Ein Astronaut kann...«*

**C 2** **Sktext: Ich möchte Fußballspieler werden**

a) Dialog von der Cassette hören, mitlesen, nachsprechen
b) mit verteilten Rollen lesen
c) in Klassen-, dann in Partnerarbeit den Dialog mit den Angaben rechts und den Berufen aus C1 variieren
d) eigene Traumberufe benennen und im Dialog anwenden

**Grammatik**

weitere Beispielsätze mit *man* bilden (z.B. *„In Österreich spricht man Deutsch."*)

**C 3** **Wir reden in der Gruppe**

a) Karten schreiben
b) in der Klasse oder mit dem Partner spielen
*Hinweis:* Spiel zur Wiederholung ab und zu erneut einsetzen; auch als Wettspiel möglich: zwei Gruppen bilden; Spielleiter zieht eine Karte und befragt S. der beiden Gruppen im Wechsel, pro richtige Antwort ein Punkt. Welche Gruppe hat die meisten Punkte?

## Na so was!

**Lied. Ich möchte Fußballspieler werden**

a) Cassette hören
b) Cassette noch einmal hören und mitlesen / mitsingen
c) in Partnerarbeit neue Strophen zu anderen Berufen machen

## ▶ *Einstiegsseite*

a) Abbildungen genau ansehen und zuordnen
b) die Orte benennen
c) in der Klasse über eigene Freizeitaktivitäten sprechen

## A *Wer geht wohin?*

### A1 Hörtext: Wohin gehen sie?

a) Texte von der Cassette hören
b) die Personen den Orten zuordnen

**Grammatik**

a) **L:** Tabelle erläutern
b) Sätze mit Richtungsangaben bilden
c) *Ratespiel:* Ortsangaben (z.B. Schwimmbad, Disco) auf Zettel schreiben. Ein S zieht einen Zettel. Die anderen stellen Fragen *(„Gehst du in … / auf … / zu … / nach …“).* Wer den Ort errät, darf den Zettel behalten, einen neuen Zettel ziehen und selbst weitermachen.

### A2 Frag deinen Partner

a) Frage-Antwort-Kette mit den beiden Fragen
b) Wiederholung in Partnerarbeit

### A3 Spiel: Wohin gehst du?

*Spielvorbereitung:* Spielsteine und Würfel mitbringen
In Kleingruppen spielen!

### A4 Hörtext: Ein Telefongespräch

a) Text von der Cassette hören
b) Notizen im Infinitiv aufschreiben (Stillarbeit)
c) gemeinsam verbessern

## B *Nur keine Langeweile!*

### B1 Sktext: Ach, ist das langweilig!

a) Text von der Cassette hören, dabei mitlesen und nachsprechen
b) Mittelteil des Dialogs selbst ergänzen, dabei die angegebenen Namen verwenden, Orte selbst finden

**B 2** **Was machen deutsche Jugendliche in der Freizeit?**

a) gemeinsam Statistik ansehen
b) in Klassenarbeit Sätze formulieren
c) in Partnerarbeit weitere Fragen stellen und entsprechend der Statistik beantworten
d) eine Statistik des Freizeitverhaltens in der Klasse erstellen und anschließend verbalisieren

**B 3** **Lesetext: Eine E-Mail**

a) Text still lesen
b) Schreibanlass:
   - die E-Mail in Stillarbeit beantworten, dabei Angaben verwenden
   - Texte gemeinsam verbessern

**B 4** **Kurzmitteilungen**

a) Mitteilungen still lesen
b) in der Klasse den Weg zur Zuordnung der passenden Mitteilungen erarbeiten: passende Bezugswörter heraussuchen (*Tennisplatz – Sport, Artisten – Zirkus, gehe … ins Eiscafé – triffst du da … – Kino – Film*)

**B 5** **Faltspiel**

*Spielvorbereitung:* Papier (Querformat) und Bleistift bereitstellen
In Gruppen von mindestens 6 S spielen!

**Grammatik**

a) L schreibt verschiedene Satzteile ungeordnet an die Tafel, S ordnen
b) L gibt Raster (wie in der Tabelle) an der Tafel vor, S tragen eigene Sätze ein

**B 6** **Was machen die denn da?**

a) Bilder ansehen und zu jedem Bild einen Unsinn-Satz schreiben
b) alle Sätze zu einem Einzelbild in der Klasse vorlesen
c) den besten Unsinn-Satz auswählen
d) ebenso zu den anderen Bildern
e) Fragespiel in der Klasse: Ein S. stellt eine Frage nach dem vorgegebenen Muster. Wer die Frage richtig beantwortet, darf weitermachen.

**B 7** **Sktext: Kostümfest**

a) Bild ansehen, Einführungstext und Einladungskarte lesen
b) Dialog von der Cassette hören
c) mit verteilten Rollen lesen, auf Intonation achten
d) in Partnerarbeit den Dialog mit neuen (unten angegebenen) Redewendungen nachspielen
e) in Klassen- oder Partnerarbeit Dialoge für neue Situationen entwickeln, in denen die Sprechhandlungen *Überreden* und *Ablehnen* zum Ausdruck kommen

## B 8 Schreibanlass: Einladungskarte

a) Rasterteile der Einladungskarte lesen
b) in Klassenarbeit mündlich eine Einladungskarte formulieren, dabei jeweils einen Satz aus jedem Rasterteil verwenden
c) in Stillarbeit eine Einladungskarte schreiben

## B 9 Fragen

a) Fragen gemeinsam erarbeiten
b) Diskussion bzw. landeskundliche Informationen von L über deutsche Feste (in der Muttersprache)

*Landeskundliche Informationen:*

Folgende Feste werden in Deutschland von der Mehrheit der Deutschen gefeiert:

*Weihnachten (Christi Geburt)*

Vielleicht ist es für viele das wichtigste Fest im Jahr. Unabhängig von Konfession (evangelisch/katholisch) oder Gläubigkeit feiern es die meisten Deutschen ähnlich:
Am Heiligabend, d.h. am Abend des 24. Dezember, kommt die Familie zusammen. Man hat vorher einen Weihnachtsbaum (Tanne oder Fichte) gekauft und ihn mit kleinem Holzschmuck, Äpfeln oder anderer Weihnachtsdekoration geschmückt und Kerzen darauf angebracht, die am Abend angezündet werden. Einige Familien gehen vor oder nach der „Bescherung“ (Verteilung der Geschenke, die unter dem Weihnachtsbaum liegen) in die Kirche. Viele singen am Heiligabend Weihnachtslieder oder hören Weihnachtsmusik. Man kocht etwas Gutes, sitzt dann anschließend zusammen, öffnet die Geschenke und isst vielleicht noch ein paar Weihnachtsplätzchen (Kekse), die in der Zeit davor (Advent) gebacken wurden. Den kleinen Kindern erzählt man, der „Weihnachtsmann“ oder das „Christkind“ hätten die Geschenke gebracht.

*Sylvester / Neujahr (Jahreswende)*

Am 31. Dezember schließen die Büros schon zu Mittag. Die Leute bereiten sich auf den Abend vor. Man bleibt an diesem Tag mindestens bis Mitternacht auf, um auf das neue Jahr zu warten. Einige gehen vorher in ein Konzert oder in ein Restaurant, andere feiern ein lustiges Fest zu Hause. Um 12 Uhr nachts trinkt man Sekt und wünscht einander ein gutes neues Jahr.

*Ostern (Auferstehung)*

Zu Ostern gibt es normalerweise kein großes Familienfest. Für Kinder gibt es Ostereier und manchmal kleine Geschenke. Den Kleinen erzählt man, der Osterhase hätte sie gebracht und für sie versteckt. Alle müssen die in der Wohnung oder im Garten versteckten Eier suchen.

*Fasching / Karneval*

Offiziell beginnt der Fasching am 11.11. um 11 Uhr 11. Praktisch aber feiert man ihn in den Tagen vor Aschermittwoch. Das ist meistens im Februar. In der Karnevalszeit machen viele Leute zu Hause eine Karnevalsparty, oder sie gehen aus. Zu diesen Partys kommen die Gäste in unterschiedlichen Kostümen und Verkleidungen. Am „Rosenmontag“ und „Faschingsdienstag“ finden in vielen Städten Maskenumzüge statt. In Köln und Mainz werden spezielle Programme geboten. Bekannt sind die „Büttenreden“: Verschiedene Leute tragen komisch-witzige Reden vor.

**Grammatik**

a) **L:** Bildung der Ordinalzahlen bewusst machen
b) in Satzreihen *„Heute ist der …“* / *„Am …“* einüben, dabei auf die Endung achten
c) in Frage-Antwort-Kette Geburtsdaten erfragen
*Hinweis:* von nun an im Unterricht regelmäßig das Datum benennen lassen

## *Na so was!*

a) Bild ansehen, Personen beschreiben
b) Bild ansehen, Text zudecken, Cassette hören
c) Cassette hören, mitlesen, nachsprechen, imitieren
d) mit verteilten Rollen lesen
e) den Dialog mit anderen Persönlichkeiten variieren, z.B.:
Johann – Johann Wolfgang von Goethe
Johann Sebastian Bach
Elisabeth – Elisabeth Taylor
Elisabeth I von England
(S sollen selbst weitere Personen finden)
f) Dialoge szenisch darstellen, auf die Intonation achten

# Lektion 11: Ab in die Ferien

## ▶ *Einstiegsseite*

a) Texte still lesen und die Bilder ansehen
b) Aussagen den Reisezielen zuordnen und Sätze bilden

## *A Traumreisen*

### A1 Sktext: Das tolle Telefon

a) Einleitung lesen, Telefongespräch zudecken
b) Telefongespräch von der Cassette hören, nachsprechen
c) mit verteilten Rollen lesen
d) in Klassen- und Partnerarbeit weitere Dialoge entwickeln, dabei *nach …* und *in die …* einüben (falls notwendig, weitere Städte- und Ländernamen auflisten)

### A2 Sktext: Wohin möchtest du fahren/fliegen?

a) in Partnerarbeit mit Hilfe der Angaben Fragen stellen und beantworten
b) Dialog von der Cassette hören
c) mit verteilten Rollen lesen
d) in Partnerarbeit weitere Dialoge entwickeln

**Grammatik**

Spiel „Städteraten“: Ein S denkt sich eine Stadt aus, die anderen S raten: „Gibt es dort … / ein(e/n) …“, der S antwortet: *„Ja, dort gibt es … / ein(e/n) …“* oder *„Nein, dort gibt es kein(e/n) …“*

A3 **Sktext: Oh je!**

a) Situationsbild ansehen, ersten Teil des Dialogs auf Cassette hören
b) Bild im Text ansehen und zweiten Teil des Dialogs auf Cassette hören
c) in Gruppenarbeit den Dialog fertigstellen
d) Dialog und selbst erstellte Version mit verteilten Rollen lesen

A4 **Hörtext: Träume**

a) Geräusch 1 hören, gemeinsam Sätze bilden und an die Tafel schreiben
b) weitere Geräusche in Abschnitten hören, in Stillarbeit Sätze aufschreiben
c) gemeinsam besprechen
d) in Stillarbeit Postkarte schreiben
e) in Partnerarbeit korrigieren

## *B Deutschland, Österreich und die Schweiz*

B1 **Wo ist was?**

a) geographische Karte gemeinsam ansehen
b) in Klassen- und Partnerarbeit Fragen stellen und beantworten
c) Ratespiel in zwei Gruppen (Wettkampf nach Zeit)
Beispiel: Gruppe 1: *„Was ist das? Es ist ein Gebirge. Es liegt im Süden.“*
Gruppe 2: *„Die Alpen.“*
d) *fakultativ:* Spiel zur Landeskunde
*Spielvorbereitung:* **L:** detaillierte Landkarte von Deutschland, Schweiz, Österreich zur Verfügung stellen; an die Tafel nebeneinander verschiedene Kategorien schreiben, z.B. *Stadt / Gebirge / Fluss / deutscher Vorname;* jede Schülergruppe fertigt ein Blatt Papier mit diesen Kategorien an.
*Spiel:* L nennt einen Anfangsbuchstaben, Schülergruppen füllen ihre Tabelle mit Worten dieses Anfangsbuchstaben um die Wette aus (Beispiel: A = Augsburg – Alpen – Altmühl – Anton). Die Gruppe, die als erste fertig ist, ruft „Stopp!“, und das Ergebnis wird ausgewertet. Für jedes richtige Wort erhält jede Gruppe 10 Punkte. Haben zwei Gruppen das selbe Wort, bekommen sie hierfür nur jeweils 5 Punkte. Hat nur eine Gruppe ein Wort gefunden, alle anderen aber keines, dann erhält sie dafür 20 Punkte. Gewonnen hat die Gruppe mit den meisten Punkten.

B2 **Lesetext: Bilder aus Deutschland, Österreich und der Schweiz**

a) Texte still lesen, Bilder ansehen
b) Texte und Bilder zuordnen

**B 3** **Wohin?**

a) **L:** den semantischen Unterschied von *fahren / gehen / steigen / fliegen* pantomimisch erläutern und auf Piktogramme am Rand hinweisen
b) Sätze bilden, dabei verschiedene Verben verwenden

**B 4** **Sktext: Was machen wir denn in den Ferien?**

a) Bild ansehen, Cassette hören
b) mit verteilten Rollen lesen
c) in Partnerarbeit weitere Dialoge entwickeln, dabei Angaben aus der Liste A6 verwenden

**B 5** **Spiel: Schwarzer Peter**

*Spielvorbereitung* (z.B. als Hausaufgabe): Spielkarten nach der Anleitung im Buch erstellen
In Kleingruppen spielen!

### *Na so was!*

**Das tolle Telefon**

a) Text still lesen
b) Text noch einmal lesen und Bilder in die richtige Reihenfolge bringen
c) *fakultativ:* Rollen verteilen (ein S übernimmt die Rolle des Erzählers) und Text als Szene spielen

## Lektion 12: Guten Appetit!

### ▶ *Einstiegsseite*

a) Bilder ansehen und über die abgebildeten Gerichte sprechen (in der Muttersprache)
b) Gerichte den Herkunftsländern oder -Regionen zuordnen
c) darüber sprechen, welche Gerichte es im Heimatland auch gibt (in der Muttersprache)
d) darüber sprechen was man mag/nicht mag

### *A Das isst man bei uns und anderswo*

**A 1** **Das ist mir passiert (Teil 1)**

a) Bilder ansehen
b) Texte A, B, C in Stillarbeit lesen
c) in der Klasse über eigene Erfahrungen mit fremden Gerichten oder Gewohnheiten sprechen

**Grammatik**

a) Tabelle ansehen
b) aus den drei Lesetexten Sätze mit *sein* und *haben* heraussuchen
c) weitere Sätze bilden

**(Teil 2)**

a) Texte D und E still lesen
b) in Partnerarbeit Präteritumformen in die Lücken einsetzen (Aufgabe a)
c) Bilder noch einmal ansehen
d) alle Texte noch einmal lesen und Bild und Text zuordnen (Aufgabe b)
e) Fragespiel in der Klasse: ein S stellt eine Frage mit einem der Fragepronomen. Wer eine passende Antwort gibt, darf weitermachen (Aufgabe c)

A 2 **Essen und Trinken in Deutschland**

a) Speisen und Getränke auf der Abbildung gemeinsam ansehen
b) Ratespiel: Ein S denkt sich eine Speise/ein Getränk und fragt: *„Was esse/trinke ich?"* Die anderen S raten, z.B. *„Du isst Salat.", „Du trinkst Limonade."*
**L:** darauf hinweisen, dass man bei allgemeinen Aussagen über Essen/Trinken den Artikel weglässt
c) in Partnerarbeit Fragen (Aufgabe a) beantworten
d) im Klassengespräch die Ergebnisse der Partnerarbeit vortragen
e) in Stillarbeit Einladungskarte (Aufgabe b) schreiben und anschließend in Klassenarbeit verbessern
f) in Klassenarbeit Fragen (Aufgabe c) beantworten und den Brief mündlich vorbereiten
g) Brief in Stillarbeit oder als Hausaufgabe schreiben
h) Briefe in der Klasse besprechen und verbessern; auch als Ratespiel möglich: Briefe anonym vorlesen und raten, wer der jeweilige Verfasser ist

A 3 **Sktext: Was esst ihr denn so?**

a) Text von der Cassette hören
b) mit verteilten Rollen lesen
c) in Partnerarbeit weitere Dialoge mit den Varianten entwickeln

A 4 **Sktext: Das schmeckt doch nicht!**

a) Bild ansehen, Cassette hören, still mitlesen
b) mit verteilten Rollen lesen
c) in Partnerarbeit weitere Dialoge mit Varianten entwickeln

**Grammatik**

a) den Dativ auch mit weiteren Possessivartikeln *(dein/sein/…)* einüben
**L:** Beispielsätze mit Nomen bilden, die im Dativ Plural ein Endungs-*n* verlangen, z.B. *die Kinder – den Kinder**n***
b) Übungssätze mit den Verben *gefallen* und *gehören* bilden

## A 5 Hörtext: Nasi Goreng

a) Text von der Cassette hören, dabei Bild ansehen
b) Text noch einmal hören, Sprecher identifizieren
c) Fragen a-f beantworten
d) Fragen unten im Klassengespräch beantworten

# *B Was isst man wann?*

## B 1 Lesetext: Das essen wir!

a) Text still lesen und Bilder ansehen
b) Tabelle (wie unten) erstellen und Antworten eintragen
c) Antworten gemeinsam kontrollieren
d) Ergebnisse mit der Einstiegsseite vergleichen
e) *fakultativ:* Schreibanlass „Das esse ich!“
in Stillarbeit eigenen Text zum Thema schreiben
f) *fakultativ:* Essensgewohnheiten in Deutschland und im eigenen Land vergleichen (evtl. in der Muttersprache)
*Landeskundliche Information:* Die typischen Essensgewohnheiten der Deutschen (morgens und abends kaltes, mittags warmes Essen) ändern sich zunehmend mit den sozialen Veränderungen in der Arbeitswelt. Immer mehr Frauen sind berufstätig und haben keine Zeit, aufwändige Mahlzeiten zu kochen. Je nach Arbeitszeiten werden warme Mahlzeiten gekocht, kaltes Essen zubereitet oder Fertiggerichte erhitzt. Immer mehr Menschen in Deutschland legen Wert auf eine gesunde Ernährung mit Vollwertkost (Vollkornbrot, Getreideprodukte usw.), Obst, Gemüse und Salat aus biologischem Anbau und weniger Fleisch.

### Grammatik

a) Sätze lesen
b) weitere Satzpaare bilden

## B 2 Was mache ich am Geburtstag?

a) Text lesen
b) die Szenenbilder den Textabschnitten 2–5 zuordnen
c) in Partnerarbeit Lücken ergänzen (Aufgabe b)
d) die Bilder der Personen den Textabschnitten 1–5 zuordnen
e) den Text mit verteilten Rollen lesen
f) Klassengespräch über eigene Geburtstagsfeiern, Geburtstagsfeiern in der Familie

## B 3 Wir machen eine Grillparty

a) Bild S. 131 ansehen
b) in Partnerarbeit eine Liste aufstellen, getrennt nach Essen und Trinken (Aufgabe a)
c) Listen vorlesen und an der Tafel zusammentragen
d) in Partnerarbeit Einladungskarte schreiben (Aufgabe b)
e) einige Einladungskarten in der Klasse vorlesen

**B 4** **Wir reden in Gruppen**

Frage- und Antwortspiel in Klassen- oder Gruppenarbeit

*Hinweis:* Karten zur Wiederholung erneut in Gruppen- oder Partnerarbeit einsetzen

## *Na so was!*

a) Texte lesen
b) in der Klasse über Witze sprechen (in der Muttersprache)
c) Witze zum Thema „Essen und Trinken“ in der Muttersprache erzählen

# Tests

**Test 1**

## 1. Ergänze die Verben.

Hallo! Ich ____________ Anna und ____________ in Augsburg. Ich ____________ neu hier. Ich ____________ aus England und ____________ Englisch und Deutsch. Ich ____________ gern Tennis.

6 P / ______

## 2. Schreib die Sätze richtig.

a) hier – neu – du – bist – ?

______________________________________________

b) wie – du – heißt – ?

______________________________________________

c) du – wo – wohnst – ?

______________________________________________

d) ich – in Heidelberg – wohne – .

______________________________________________

e) woher – du – kommst – ?

______________________________________________

f) Fußball – spielst – gern – du – ?

______________________________________________

g) du – Deutsch – sprichst – ?

______________________________________________

h) spiele – Tennis – ich – .

______________________________________________

8 P / ______

## 3. Schreib alle Sätze mit „nicht".

a) Du heißt Paul.

Nein, ich ______________________________

b) Du bist neu hier.

______________________________

c) Du sprichst gut Deutsch.

______________________________

d) Du kommst aus Portugal.

______________________________

e) Du wohnst in Berlin.

______________________________

f) Du spielst gern Handball.

______________________________

6 P / ______

(1/2 Punkt Abzug bei falscher Verbform)

**Insgesamt: 20 P / ______**

## 1. Schreib einen Artikel über Sophia.

Notizen:
1) Sophia Rosselot; 2) aus Frankreich; 3) in Hamburg; 4) 15 Jahre; 5) Französisch, Spanisch und Deutsch; 6) Volleyball

Das ist ______________________________

______________________________

______________________________

______________________________

______________________________

______________________________

12 P / ______

(1 Punkt Abzug bei Fehler beim Verb)

## 2. Eins, zwei, drei ...

*Schreib die Zahlen in Wörtern.*

0 ______________________

6 ______________________

9 ______________________

10 ______________________

12 ______________________

16 ______________________

17 ______________________

20 ______________________

8 P / ______

### 3. Setz das richtige Verb in der richtigen Form ein.

*sein*
*spielen*
*kommen*
*sprechen*
*wohnen*

● Hallo, Julia! Wie geht's?

■ Hallo, Martina! Gut, und dir?

● Auch gut. ____________ du heute Tennis?

■ Ja, du auch?

● Nein, heute nicht. Du, Julia, wer ist denn das da?

■ Das ____________ Johan. Er ____________ aus Schweden, aber er ____________ jetzt hier. Er ____________ schon sehr gut Deutsch.

● Aha. ____________ er heute auch Tennis?

■ Ja.

● Dann ____________ ich heute auch.

■ Aha.

7 P / _____

**Insgesamt: 27 P / _____**

**Test 3**

## 1. Schreib die Lösung.

a) Die Mutter von Mami ist meine ______________________________.

b) Der Bruder von Papi ist mein ______________________________.

c) Papi und Mami sind meine ______________________________.

d) Die Eltern von Mami sind meine ____________________________.

e) Der Vater von Papi ist mein ______________________________.

f) Die Schwester von Papi ist meine ____________________________.

6 P / ______

## 2. Ergänze: mein/meine, dein/deine, ein/eine

● Schau mal, das ist __________ Bruder Philipp und das ist __________ Katze Mimi.

■ Und das da? Sind das __________ Eltern?

● Ja.

■ Ist das da __________ Vater?

● Nein, das ist __________ Onkel Peter, ein Bruder von Papi.

■ Und wer ist das?

● Das ist __________ Freund von Philipp.

■ Aha, und das ist ____________ Schwester, oder?

● Ja, das ist Jutta. Und das sind _____________ Großeltern.

■ Ist das __________ Tante?

● Nein, das ist __________ Freundin von Mami.

10 P / ______

### 3. Groß oder klein? Schreib den Text richtig.

ich heiße christina, bin dreizehn jahre alt und komme aus italien. jetzt wohne ich in münchen. ich spiele gitarre und volleyball. das da sind meine schwestern lisa, elena und maria und mein bruder antonio. und das ist pico, mein hund.

____________________________________________________________

____________________________________________________________

____________________________________________________________

____________________________________________________________

____________________________________________________________

____________________________________________________________

10 P ((= 0.25 pro Wort)) / _____

**Insgesamt: 26 P /** _____

**Test 4**

## 1. Schreib die Fragen.

a) Machst du gern Hausaufgaben?

Ja, ich mache gern Hausaufgaben.

b) ________________________________

Ja, ich lese gern.

c) ________________________________

Ja, ich sehe Thomas.

d) ________________________________

Ja, ich zeichne gern.

e) ________________________________

Ja, ich spreche Italienisch.

f) ________________________________

Ja, ich arbeite gern.

10 P / _____

(Bei falscher Verbform 1 Punkt Abzug)

## 2. Ergänze die Buchstaben.

_____wester ◆ Fr_____ndin ◆ zei_____nen ◆ wo_____nen ◆ Gro_____eltern ◆ schr_____ben ◆ zw_____lf ◆ s_____bzehn ◆ z_____anzig ◆ f_____nf ◆ _____ierzehn ◆ se_____s

6 P / _____

## 3. Schreib die Zahlen.

vierundzwanzigneunundsechzigsechsundsiebzigeinundachtzigachtunddreißigfünfundvierzigvierundfünfzigneunzehnzweiundneunzighundert

| | | | | | | | | | |
|---|---|---|---|---|---|---|---|---|---|
| | | | | | | | | | |

5 P / _____

(Jede richtige Zahl gibt 1/2 Punkt.)

## 4. Schreib die Sätze richtig.

a) in Ruhe – ich – arbeiten – möchte – .

______________________________________________

b) turnen – du – möchtest – ?

______________________________________________

c) liest – was – denn – du – ?

______________________________________________

d) möchte – Marc – sprechen – mit meinem Bruder – .

______________________________________________

e) telefonieren – möchte – in Ruhe – die Mutter – .

______________________________________________

f) aus Köln – mein Freund – kommt – .

______________________________________________

10 P / ______

## 5. Was passt?

*machen – sehen – spielen – kommen – heißen – möchten*

a) Vera arbeitet, aber sie ______________ Tennis spielen.

b) ● Was macht du denn da? ■ Das ______________ du doch. Ich lese.

c) Mein Freund Felix ______________ aus Köln.

d) Ich ______________ heute eine Party. Kommst du?

e) ______________ du Gitarre? Wir sind eine Schülerband und suchen einen Gitarristen.

f) Mein Hund ist ein Jahr alt. Er ist ganz lieb und er ______________ Idi.

6 P / ______

**Insgesamt: 37 P / ______**

## Test 5

### 1. Schreib das Verb in der richtigen Form.

a) Ich ______________ in die Realschule. (gehen)

b) Was ______________ Paula und Pauline am Samstag? (machen) – Sie ______________ Volleyball. (spielen)

c) Mein Vater ______________ bei Siemens. (arbeiten)

d) Ihr ______________ aber schon gut Deutsch! (sprechen)

e) ______________ wir heute Sport? (haben) – Nein, morgen.

f) Lara ______________ Musik hören. (möchten)

g) Was ______________ du denn da? (lesen) – Asterix und Obelix.

h) Woher ______________ deine Familie? (kommen) – Aus Vietnam.

i) Wann ______________ du Mathe? (haben) – Am Dienstag und am Donnerstag.

j) Maria und Kai ______________ in der neunten Klasse. (sein)

k) Wie lange ______________ ihr schon in Deutschland? (sein) – Zwei Jahre.

12 P / ______

### 2. Setz ein: *Er – Sie – Wir – Ihr*

a) Das ist Frau Meier. ______ hat zwei Katzen, Mimi und Mauz.

b) Das hier ist mein Bruder Max. ______ spielt Gitarre.

c) ______ habt am Montag zwei Stunden Sport.

d) Das sind meine Geschwister. ______ spielen gerne Tennis.

e) ● Was habt ihr denn jetzt? ■ ______ haben jetzt Mathe. Leider.

5 P / ______

***3. Setz die passenden Wörter ein.***

In der ersten Stunde haben wir Musik. Da ________________ wir.

In der zweiten Stunde haben wir Kunst. Da ________________ wir immer.

In der ________________ Stunde haben wir dann Englisch. Da ________________ wir eine Klassenarbeit. Leider!

In der vierten Stunde haben wir ________________. Da sprechen wir über die Antike, das alte Rom, Julius Caesar und so.

In der ________________ Stunde haben wir Deutsch. Da ________________ wir Grammatik.

In der ________________ Stunde haben wir ________________ Das ist toll. Da ________________ wir Volleyball.

10 P/__________

**Insgesamt: 27 P / _____**

**Test 6**

## 1. Schreib die Schulsachen auf.

*vier*

10 P / ______

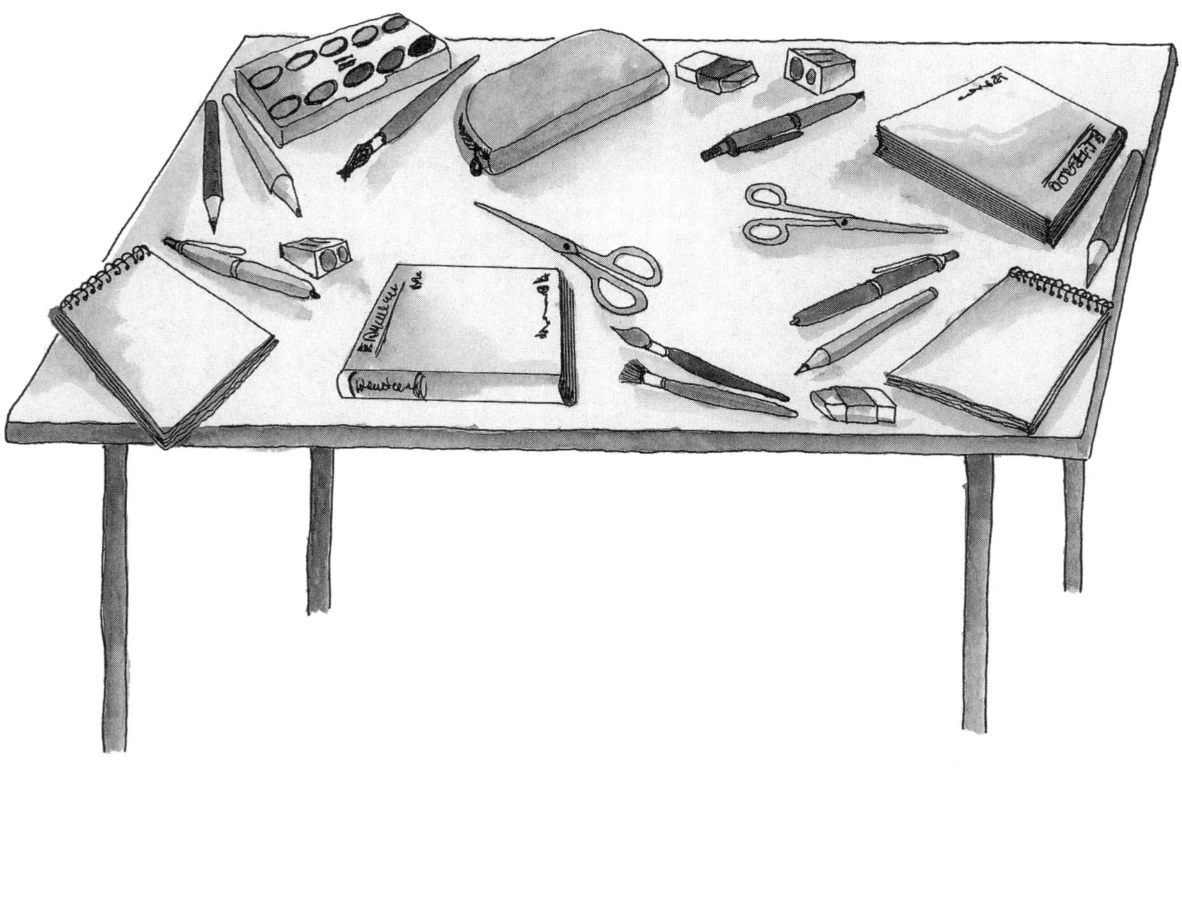

## 2. Setz den richtigen Artikel ein:

*der/das/die – ein/eine/-.*

● Was ist das? ■ Das ist _________ Schere. ● Und was ist das? ■ Das ist _________ Bleistift. ● Sind das deine Sachen? ■ Nein, _________ Schere ist von Maria und _________ Bleistift ist von Hanna. ● Und was ist das? ■ Das ist _________ Buch. ● Und das? ● Das sind _________ Pinsel. _________ Buch ist von Peter und _________ Pinsel sind von Luis.

8 P / _____

## 3. Setz das richtige Wort ein: *kein/keine*.

a) ◆ Hier ist dein Heft. ▲ Das ist doch _________ Heft, das ist ein Block!

b) ● Machst du heute deine Hausaufgaben nicht? ■ Ich habe heute _________ Hausaufgaben. ● Das ist ja toll!

c) ◆ Wo ist meine Schere? ▲ Hier. ◆ Das ist doch _________ Schere, das ist ein Lineal!

d) ● Meine Farbstifte sind weg! ■ Tut mir Leid. Ich habe auch _________.

e) Am Sonntag ist frei. Dann ist _________ Schule.

5 P / _____

## 4. Setz das richtige Wort ein: *er/es/sie*.

a) ● Ist das deine Mappe? ■ Ja, ______ ist ganz neu.

b) ◆ Wo ist mein Deutschbuch? ▲ Hier ist ______ doch.

c) ● Ist das dein Kugelschreiber? ■ Ja. ● ______ schreibt sehr gut.

d) ◆ Meine Stifte sind weg! ▲ Nein, hier sind ______ doch.

e) ● Ist das dein Malkasten? ■ Ja, ______ hat 24 Farben.

f) ◆ Mein Lineal ist weg! ▲ Das gibt´s doch nicht. ◆ Doch, _____ ist weg.

6 P / _____

**Insgesamt: 29 P /** _____

**Test 7**

## 1. Setz die richtigen Wörter ein:

*alle/niemand – immer/nie – etwas/nichts*

● He, Toni, was hast du da in der Hand? ■ Ich habe ______________ in der Hand.
● Doch, du hast ______________ in der Hand. ■ Das ist nur mein Radiergummi.
● Ach so.

Herr Beier ist ein super Lehrer! ______________ Schüler sagen, Herr Beier ist sehr nett. Er ist ______________ böse. ______________ hat Angst vor Herrn Beier!

● Hast du die Hausaufgaben? ■ Na klar, ich mache doch ______________ die Hausaufgaben.

6 P / _____

## 2. Setz den richtigen Artikel ein:

*der – den – das – die*

a) ◆ Hier ist _________ Zeitung, _________ Illustrierte habe ich vergessen. ● Das macht nichts.
b) ● Verflixt, wo ist denn nur _________ Schlüssel? Sagt, mal! Wer hat _________ Schlüssel? ■ Hier ist er doch!
c) ◆ Mathias, Ludwig! Wer hat _________ Fernsehprogramm? ● Ich habe es nicht. ■ Hier liegt _________ Fernsehprogramm doch, Papa!
d) ● Leoni, wo sind _________ Bücher und _________ Block? ■ _________ Block habe ich, aber _________ Bücher habe ich nicht.

10 P / _____

### 3. Schreib die Sätze im Imperativ.

a) Peter – mir – bitte – die Zeitung – geben

*Peter, gib mir bitte die Zeitung.*

b) Beate – doch bitte – den Hund – mitnehmen

______________________________

c) Lara – bitte mal – an die Tafel – kommen

______________________________

d) Stefan und Micha – mir – jetzt bitte – die Hefte – geben

______________________________

e) Theo – die Hausaufgaben – machen

______________________________

f) Susanne – doch bitte mal – herkommen

______________________________

g) Anne und Lisa – still – sein

______________________________

12 P / _____

(Bei falscher Verbform 1 Punkt Abzug.)

### 4. Setz die richtige Endung und das richtige Pronomen ein: *du – ihr – Sie*

a) Frau Behrens, ______________ ______ aus Deutschland? (kommen)

b) Toni, ___________ ______ Tennis? (spielen)

c) Herr und Frau Werner, ___________ ______ die Bücher jetzt haben? (möchten)

d) Hallo Erika, hallo Sven. Was ___________ ______ denn da? (machen)

4 P / _____

(Bei falscher Verbform 1/2 Punkt Abzug.)

**Insgesamt: 32 P / _____**

## Test 8

### 1. Ergänze die Verben in der richtigen Form:

*brauchen – haben – sein – möchten – sehen – leihen – kennen*

a) ● Ich habe Hunger. ■ ________________ du meinen Apfel? ● Ja gern.

b) ● Was __________ du denn da? ■ Einen Walkman.

c) ● Was ist denn das? ■ Das __________ein Micky-Maus-Heft.

d) ● __________ mal, da ist Rocky Rocknacht. ■ Wer ist denn Rocky Rocknacht?

● Was, du ____________ Rocky Rocknacht nicht?

e) ● __________ du mir deinen Taschenrechner? ■ Ja klar! Ich ____________ ihn jetzt nicht.

7 P / _____

### 2. Setz das richtige Pronomen ein.

1. ● Möchtest du meinen Orangensaft. Ich möchte _____ nicht.
   ■ Ja gern, danke.
   a) er
   b) ihn
   c) es

2. ● Wie findest du Frau Peters? Ich finde _____ ganz sympathisch.
   ■ Ich auch.
   a) sie
   b) er
   c) es

3. ● Kennst du Herrn Lüders? ■ Ja, und ich finde _____ doof.
   a) es
   b) ihn
   c) er

4. ● Leihst du mir dein Lineal? ■ Tut mir Leid, aber ich brauche _____ jetzt selber.
   a) ihn
   b) er
   c) es

5. ● Hast du meine Stifte? ■ Ja, brauchst du ________ gerade?
   a) sie
   b) ihn
   c) es

5 P / _____

## 3. Setz das richtige Wort ein:

*Wer – Was – Wen*

a) ● ______ möchtest du haben, das Heft oder den Block? ■ Den Block.

b) ● ______ ist denn das? ■ Das ist doch Leo aus der 9a. ● Ach ja.

c) ● Kennst du Anna? ■ ______? ● Na, Anna, die Freundin von Toni. ■ Nein, die kenne ich nicht.

d) ● ______ ist das? ● Ein Computerspiel. ■ Ach so.

4 P / ______

## 4. Setz in der richtigen Form ein:

*ein/mein/dein/kein*

a) ● Mensch, ich habe so ______________ Durst! ■ Hier hast du ______________ Limo. ● Oh, danke.

b) ● Leihst du mir ______________ Cassettenrecorder? ■ Ja klar.

c) ● Ist das ______________ Stift? ■ Das ist doch ______________ Stift, das ist ______________ Lineal. ● Ach so.

d) ● Möchtest du ______________ Joghurt? Ich habe ______________ Hunger. ■ Ja gern, danke.

e) ● He, das ist ______________ Pausenbrot. ■ Oh, Entschuldigung.

f) ● Sind das ______________ CDs? ■ Das sind doch ______________ CDs. Das sind Schallplatten. ● Ach so.

g) ● Was ist denn das? ■ ______________ Kamera.

12 P / ______

**Insgesamt: 28 P / ______**

**Test 9**

## 1. Schreib die Uhrzeit auf.

09.30 Uhr halb zehn

11.55 Uhr ______

10.15 Uhr ______

06.35 Uhr ______

11.45 Uhr ______

01.40 Uhr ______

07.20 Uhr ______

6 P / ______

## 2. Setz das richtige Wort ein:

am – im – um

a) ______ Winter fahren wir immer Schi.

b) Hast du ______ Samstag Zeit?

c) ● Wann fängt der Unterricht an? ■ ______ halb acht.

d) ______ Morgen esse ich nichts.

e) Wir fahren ______ Sommer immer zu meiner Oma.

f) ______ Nachmittag habe ich keine Zeit. Da spiele ich Tennis.

6 P / ______

## 3. Ergänze die Tabelle

| | | |
|---|---|---|
| du | kannst | |
| wir | | |
| er | | |
| ihr | | müsst |

7 P / ______

## 4. Schreib die Sätze richtig.

a) Stefan – um halb sieben – aufstehen

Stefan steht um halb sieben auf.

b) Um sieben – er – frühstücken

Um sieben ______

c) Um halb acht – er – in die Schule – gehen – müssen

______

d) Die Schule – um acht – anfangen

______

e) Um halb elf – Pause –sein

______

f) Stefan – jetzt das Pausenbrot – essen – können

______

g) Um ein Uhr – er – nach Hause – gehen

______

h) Am Nachmittag – er – das Zimmer – aufräumen

______

i) Um halb vier – er – mit Peter – Fußball – spielen.

______

16 P / ______

(Bei falscher Satzstellung ein Punkt Abzug)

**Insgesamt: 35 P / ______**

**Test 10**

## 1. Setz die richtige Präposition und den richtigen Artikel ein:

*in – auf – zu*

Am Montag gehe ich __________ Zoo. Am Dienstag fahre ich __________ Schwimmbad. Am Mittwoch gehe ich __________ Tennisplatz. Am Donnerstag gehe ich __________ Schulfest. Am Freitag fahre ich __________ Tanta Luisa. Am Samstag gehe ich __________ Disco. Am Sonntag gehe __________ Zirkus und dann gehe ich __________ Bett.

8 P / ____

## 2. Schreib die Sätze richtig.

a) am Wochenende – immer – geht – Martin – in die Disco

______________________________

______________________________

b) fährt – Familie Müller – im Sommer – nach Frankreich

______________________________

______________________________

c) geht – am Dienstag um drei- ins Schwimmbad – Sonja

______________________________

______________________________

d) im Winter – wir – fahren – nach Madrid

______________________________

______________________________

e) zu Onkel Bernd – Joseph – für drei Wochen – fährt – im Herbst

______________________________

______________________________

f) morgen – auf den Fußballplatz – um elf Uhr – ich – gehe

______________________________

______________________________

6 P / ____

## 3. Schreib das Datum in Worten.

Wann haben Julia, Luigi, Maria und Paul Geburtstag?

| | |
|---|---|
| Julia | 12. 4. |
| Luigi | 20. 1. |
| Maria | 3. 8. |
| Paul | 11. 7. |

*Julia hat am zwölften Vierten Geburtstag.* ______________________

______________________

______________________

______________________

______________________

Und welches Datum ist heute? *Heute ist* ______________________

4 P / ______

## 4. Schreib das Gegenteil.

a) Peter ist groß, aber Petra ist *klein*.

b) Ich bin schwach, aber Supermann ist ______________________.

c) Der Kaffee ist heiß, aber das Wasser ist ______________________.

d) Das Auto ist schnell, aber das Fahrrad ist ______________________.

e) Meine Oma ist schon alt, aber ich bin noch ______________________.

f) Mein Zimmer ist sauber, aber das Zimmer von Franz ist ______________________.

g) Frau Meier ist immer freundlich, aber Herr Meier ist immer ______________________.

h) Mathe ist interessant, aber Biologie ist ______________________.

7 P / ______

**Insgesamt: 25 P /** ______

**Test 11**

## 1. Setz die richtige Präposition und den richtigen Artikel ein.

a) Pedro fährt ______________________ Schweiz.
b) Luisa fährt ______________________ Ostsee.
c) Toni fährt ______________________ Italien.
d) Markus fährt ______________________ Rhein.
e) Susi fährt ______________________ Insel Norderney.
f) Pierre fährt ______________________ Mittelmeer.
g) Ahmed fährt ______________________ Hamburg.
h) Karin fährt ______________________ Bayerischen Wald.

8 P / ______

## 2. Ergänze die Sätze:

1. Ich möchte so gern nach New York ______________ und die Wolkenkratzer sehen.
   a) fliegen
   b) steigen
   c) gehen

2. Janas Eltern sind im Urlaub immer im Schwarzwald. Da ______________ sie dann auf den Feldberg und wandern den ganzen Tag.
   a) fliegen
   b) fahren
   c) steigen

3. Im Sommer ______________ mein Bruder und ich an die Nordsee. Da kann man Windsurfen.
   a) fliegen
   b) steigen
   c) fahren

4. Wir ______________ heute Nachmittag ins Kino. Kommst du mit?
   a) steigen
   b) fliegen
   c) gehen

4 P / ______

### 3. Setz das richtige Wort ein:

*ein/-e/-en/ – kein/-e/-en*

a) ● Ich möchte ins Museum gehen. ■ Hier gibt es _________ Museum, aber es gibt _________ Burg.

b) ● Ich möchte telefonieren. ■ Tut mir Leid, aber hier gibt es _________ Telefon.

c) ● Gibt es in Hamburg auch _________ Filmstudios? ■ Ich weiß nicht.

d) ● Wo ist die Disco? ■ Hier gibt es _________ Disco, aber es gibt _________ tolles Eiscafé.

e) ● Ich möchte nach Kanada fahren und Pinguine sehen. ■ So ein Quatsch. In Kanada gibt es doch __________________ Pinguine.

f) Thomas und Eva wollen auf dem Flohmarkt __________________ alten Plattenspieler kaufen. Aber sie können __________________ finden.

8 P / _____

### 4. Mein Ferientraum.

*Schreib fünf Sätze.*
Wohin möchtest du fahren? Was gibt es dort? Was kann man dort machen? Was musst du dort nicht machen? Was möchtest du dort machen?

10 P / _____

(Pro richtigem Satz 2 Punkte. Falscher Satzbau 1 Punkt Abzug. Zusatzpunkte sind möglich.)

**Insgesamt: 30 P / _____**

**Test 12**

## 1. Ergänze die Sätze:

*war … hatte …*

● Hallo Silvia! ■ Hallo Anton! __________ du schöne Ferien? ● Ja, meine Ferien __________ super! ■ Wo __________ du denn? ● Wir __________ in Italien, in der Toskana – meine ganze Familie. ■ __________ ihr im Hotel? ● Nein, wir __________ ein kleines Haus. Und du? ■ Ich __________ auch tolle Ferien. Ich __________ mit Beate in Schweden, auf Öland.

8 P / ______

## 2. Setz in der richtigen Form ein:

*finden – mögen*

Am Wochenende schmeckt mir das Essen am besten. Da kocht mein Papa. Am liebsten __________ ich Schweinebraten mit Klößen. Den kann er richtig gut! Normalerweise kocht meine Mutter das Essen. Na ja, das Essen von Mama __________ ich nicht so gut. Aber manchmal gibt es Spaghetti, und die Spaghetti von Mama __________ ich sehr gern! Meine Schwester isst am liebsten Nasi Goreng. Sie __________ das so Exotisch!

4 P / ______

## 3. Ergänze die Sätze:

mein/-e/-em/-en/-er

__________ Lieblingsessen sind Spaghetti! Spaghetti schmecken mir am besten, und __________ Vater auch. __________ Mutter schmeckt Gemüse besser. Das schmeckt mir und __________ Geschwistern aber überhaupt nicht. __________ Schwester isst am liebsten Gulasch und __________ Bruder mag Currywurst am liebsten.

6 P / ______

## 4. Schreib fünf Sätze.

Was isst und trinkst du zum Frühstück, zum Mittagessen und zum Abendessen? Was ist dein Lieblingsessen/dein Lieblingsgetränk? Was isst/trinkst du nicht so gern?

*Zum Frühstück esse ich* ______________________________

*und ich trinke* ______________________________

______________________________

______________________________

______________________________

______________________________

______________________________

______________________________

______________________________

10 P / ______

(Pro richtigem Satz 2 Punkte. Bei falschem Satzbau 1 Punkt Abzug. Zusatzpunkte sind möglich.)

**Insgesamt: 28 P /** ______

# Lösungsschlüssel zum Lehrbuch

## *Lektion 1*

▶ **Einstiegsseite**

| 1 | 2 | 3 | 4 | 5 | 6 | 7 | 8 |
|---|---|---|---|---|---|---|---|
| D | H | B | A | C | E | G | F |

A 6 — Bist du neu hier? – Heißt du Katrin Winter? – Ich heiße Karin Winter. – Spielst du Tennis? – Tut mir Leid. – Spielst du Fußball? – Ich spiele Volleyball! – Basketball ist hier.

B 4 — Ich heiße Robert. Ich komme aus Amerika. Ich wohne in Berlin. Ich spiele Tennis.

**Lesen**

| A | B | C | D | E | F | G | H | I | J |
|---|---|---|---|---|---|---|---|---|---|
| 3 | 4 | 6 | 9 | 2 | 5 | 7 | 8 | 1 | 10 |

## *Lektion 2*

A 1 — *vgl. Transkription des Hörtextes, S. 106*

B 1 — Er heißt Thomas./ Er heißt Peter./ Sie heißt Petra.

B 2 — a) Ralf b) Thomas c) Robert d) Susanne e) Tina f) Karin

B3 — a) ist b) heißt c) wohnt d) kommt e) kommt f) ist g) spricht h) ist i) spielt

B4 — a) Thomas b) Freund c) Bremen d) Frankfurt

▶ **Lesen** 1 a) Inge b) Inge c) Ein Mädchen aus Italien d) In Hamburg e) Dreizehn
2 a) falsch b) richtig c) falsch d) richtig

## *Lektion 3*

▶ **Einstiegsseite** Nr. 1 Mama Nr. 2 Papa Nr. 3 Opa Nr. 4 Tante Anni Nr. 5 Oma Nr. 6 Onkel Hans

A 1 — *Das ist … :* **1** *Und das … :* **2** *Wer ist … :* **5** *Wo ist … :* **4** *Und das ist … :* **7** *Wo bist … :* **6** *Sind meine Eltern … :* **9**

A 2 — 1 Mein/dein 2 Eine/Ein 3 Deine/dein/deine/meine

**A3** a) dein b) mein c) eine d) ein e) ein f) mein g) meine h) meine i) meine j) deine k) deine l) dein

**B1** Hallo Jörg! Meine Freundin aus Zürich ist da. Sie heißt Yvonne. Kommst du? Dein Wolfi.

**B2** *vgl. Transkription des Hörtextes, S. 107*

► **Lesen** Zeile 1–2: a Zeile 3: c Zeile 6: b Zeile 6–7: b Zeile 7–8: a Zeile 13: c

## *Lektion 4*

► **Einstiegsseite**

| A | B | C | D | E | F | G | H |
|---|---|---|---|---|---|---|---|
| 7 | 3 | 5 | 4 | 1 | 2 | 6 | 8 |

**A2** a) richtig b) richtig c) falsch d) richtig e) falsch f) falsch / Sonja: „Thomas ist mein Bruder." Jörg: „Andreas ist mein Bruder."

**B2** Bartel Maria / Bloße Martha / Büttner Sigfried / Brindel Karla / Bucher Annemarie / Binser Jürgen / Bötticher Karl / Blißl Andrea / Besenstiel Ingo

**C4** A: spielst – möchtest – machen – wohnst B: spielt C: möchte – spielen D: möchte – arbeiten – mache

**C5** *Stefan Huber* / München / 11 / eine Schwester, Cornelia *Sigrid Wöhrmann* / Aachen / 15 / keine *Monika Spann* / Köln / 13 / keine *Marco Satori* / Düsseldorf / 14 / eine Schwester, Stella / zwei Brüder, Claudio und Alfonso

**C6** Ich turne. Du möchtest lesen. Er schreibt. Vater arbeitet. Oma singt. Ich lese. Sie möchte malen. Du rechnest. Hans wohnt in Wien. Ich heiße Maria. Er singt. Mein Hund heißt Franzi. Michael kommt aus Deutschland. Du spielst. Er heißt Robert. Meine Schwester heißt Susi. Ich möchte schreiben. Karin spricht mit Gabi. Er spielt Tennis. Hans möchte turnen. Ich lerne. Meine Mutter wohnt (arbeitet) in München. Oma spielt Gitarre.

► **Lesen** 1 Laura wohnt in Hamburg. – Sie liest gern und spielt Gitarre. – Tante Cora wohnt in einem Dorf 40 Kilometer von Hamburg. – Die Tante versteht und gibt Fips Milch. – Miau bedeutet auch „Wer bist du?"

a) dreizehn b) in Hamburg c) Fips d) Sie lernt Latein. e) Sie möchte Milch. f) Dann möchte Fips spielen.

## Lektion 5

▶ **Einstiegsseite** **2** Sport, 8a **3** Geographie, 9a **4** Musik, 8b **5** Latein, 10b **6** Deutsch, 7a **7** Mathematik, 9b **8** Englisch, 6a

**A 1** *Montag:* Chemie, Geschichte, Geographie, Mathematik, Sport / *Dienstag:* Deutsch, Englisch, Mathematik, Französisch, Kunst / *Mittwoch:* Mathematik, Deutsch, Physik, Englisch, Religion, Französisch / *Donnerstag:* Englisch, Französisch, Deutsch, Informatik, Musik / *Freitag:* Französisch, Mathematik, Biologie, Englisch, Physik, Religion

**A 3** *Bernd:* Dienstag: zwei Stunden Mathe / Donnerstag: Biologie / Freitag: Biologie
*Monika:* Dienstag: Mathe / Freitag: Latein, Physik, zwei Stunden Deutsch

**B 1** Wir heißen Robert, Albert und Herbert. Wir wohnen in Stuttgart. Wir sind in der 7b. Wir haben Deutsch, Englisch und Mathematik.

**B 2** seid – heißt – heißen – seid – kommt – habt

**C 1**

| A | B | C | D | E | F |
|---|---|---|---|---|---|
| 5 | 6 | 4 | 3 | 2 | 1 |

**C 3** gehen / haben / heißen / gehen / sind sie / sind / Sie sind / wohnen sie / Gehen

**C 4** a) (Sie heißt Christiane Maria) Horn. b) (Sie hat in Deutsch) eine Drei. c) (Sie hat in Sport) eine Eins. d) (Sie ist) in Musik, Sport, Erdkunde und Sozialkunde (gut). e) Sie ist in Religion, Latein, Mathe und Wirtschafts- und Rechtslehre nicht so gut. f) (Die Schule heißt) Gebrüder-Grimm-Gymnasium. g) Nein. (Sie ist nicht so gut in der Schule.)

▶ **Lesen** 1 c) 2 b) 3 c) 4 a) 5 b)
Zeile 1–2: c) Zeile 2–9: a) Zeile 12–17: b) Zeile 18–20: a)

## Lektion 6

▶ **Einstiegsseite**
B D A C

**A 1** a) r b) f c) f d) r e) r f) ? g) f

**A 2** *vgl. Transkription des Hörtextes, S. 109*

**A 6** Mäppchen: A2 / Kreide: C2/3 / Füller: B4 / Lineal: C2 / Spitzer: C4 / Tasche: C1 / Heft: A1 / Schere: A5 / Buch: A2, 4, 5 / Malkasten: B1

**B 1** ein/Der ein/Das eine/Die ein/Der eine/Die

**B 3** a) es b) Er c) Er d) Es e) Es f) sie

B 4

| | Hefte | Spitzer | Blöcke | Brüder | Mappen | Blätter | Radiergummi | Bücher |
|---|---|---|---|---|---|---|---|---|
| a | x | x | x | | x | x | | x |
| b | 3 | 2 | 1 | | 5 | 100 | | 2 |
| c | x | | | | x | x | | x |

▶ **Lesen** 1 a) falsch b) falsch c) richtig d) richtig e) falsch f) falsch g) richtig

2 a) Er kommt aus München. b) In der ersten Stunde hat er Mathematik. c) Die Schüler haben Musik d) Er sieht Malkästen, Pinsel, Blöcke. e) Die Schüler schreiben eine Klassenarbeit. f) der Hausmeister g) Sie ist im Zoo.

3

| 1 | 2 | 3 | 4 | 5 | 6 | 7 |
|---|---|---|---|---|---|---|
| E | C | F | D | A | G | B |

## *Lektion 7*

▶ **Einstiegsseite**

| 1 | 2 | 3 | 4 | 5 | 6 |
|---|---|---|---|---|---|
| F | B | D | C | A | E |

A 1 a)

| A | B | C | D | E |
|---|---|---|---|---|
| 3 | 4 | 5 | 2 | 1 |

b) richtig – falsch – falsch – richtig – falsch – falsch

A 4 D – A – F – C – E – B

B 1 *vgl. Transkription des Hörtextes, S. 110*

B 2 2 – 7 – 1 – 4 – 6 – 3 – 9 – 8 – 5

B 6 Buch Seite 62 lesen und Aufgabe machen; zwei Dialoge machen, wie im Buch, Seite 57 Nr. B4; Grammatik, Seite 67, lernen; Arbeitsheft, Lektion 4, Nummer 3 und 4 machen

B 7 Die SMV hilft den Schülern bei Problemen. / (… arbeitet in der Schülerbibliothek mit) / … hat Kontakt mit dem Schuldirektor. / … spricht mit den Lehrern.

B 9

| A | 2 | 5 | 6 | 8 | 11 | 13 | 15 | |
|---|---|---|---|---|---|---|---|---|
| B | 1 | 3 | 4 | 7 | 9 | 10 | 12 | 14 |

▶ **Lesen** Peer gut Nadja schlecht Lisa gut Maria schlecht Maja gut

## *Lektion 8*

**Einstiegsseite**

| 1 | 2 | 3 | 4 | 5 | 6 |
|---|---|---|---|---|---|
| E | F | A | B | C | D |

A 2 Beispiel: g 1 b 2 h 3 e 4 d 5 a 6 c, f, i

B 3 a) SCHWARZE BRETT
b) 1 Wen? 2 Wer? 3 Was? 4 Wen? 5 Was? 6 Wer?

▶ **Lesen** 1 a) falsch b) falsch c) richtig d) richtig e) falsch

2 a) Er hat eine Fünf. b) Er hasst Mathe. c) Er fragt Petra. d) Sie ist neu in der Klasse. e) Zuerst machen sie Mathe, dann hören sie Musik. f) Am Montag macht er Mathe mit Petra. g) Er findet Petra ganz süß.

## *Lektion 9*

▶ **Einstiegsseite** Peters Hobbys sind Gitarre spielen, lesen, Computerspiele machen, ins Kino gehen und Musik hören.

A 1 *Die Hobbys von heute:* Fußball spielen / ins Kino gehen / Musik hören / Freunde treffen / tanzen / Computerspiele machen / fernsehen / Rad fahren
Die *Hobbys von damals:* sticken / stricken / Tennis spielen / wandern / Pflanzen und Schmetterlinge sammeln / Klavier und Geige spielen

A 4 a) r b) f c) f d) r e) f f) f

B 5 a) Der Bus fährt in 20 Minuten. b) Es ist 20 vor 8. c) Heute ist Sonntag.

B 7

| 6 | 7 | 8 | 13 | 15 | 17 | 18 | 21 | Uhr |
|---|---|---|---|---|---|---|---|---|
| A | F | E | H | B | G | C | D | |

B 8 a) Claudia muss früh aufstehen. Sie muss in die Schule gehen, Hausaufgaben machen und lernen. Sie muss ins Bett gehen. b) Claudia kann lang schlafen, kann schon am Vormittag Freundinnen treffen, fernsehen, lesen, ...

C 1 2 h 3 a 4 b 5 d 6 i 7 e 8 g 9 c

▶ **Lesen** 1 a) Er hört gern Musik, spielt Gitarre, sitzt am Computer, spielt mit seinen Freunden Fußball. b) Sie ist Leos Freundin. c) Er trifft Julia heute Nachmittag. d) Er kommt um halb zwei aus der Schule. e) Er hat keinen Hunger. f) Er möchte Julia treffen. g) Er fährt mit dem Fahrrad. h) Er hat Hunger.

2 a) falsch b) falsch c) richtig d) falsch e) richtig f) richtig g) richtig h) richtig i) falsch

## Lektion 10

| A | B | C | D | E |
|---|---|---|---|---|
| 5 | 3 | 4 | 1 | 2 |

A1 1 Er geht auf den Fußballplatz. 2 Er geht ins Schülercafé. 3 Sie fährt in die Stadt. 4 Er geht zu Paul. 5 Sie geht ins Schwimmbad. 6 Sie geht nach Hause. 7 Sie geht in die Disco.

A4 in die Stadt fahren, zu Melody Store gehen und eine Schallplatte (Beethoven, 5. Symphonie) kaufen, bei Hertie eine Geburtstagskarte kaufen, einen Blumenstrauß mitbringen, um 6 Uhr wieder zu Hause sein

B2 *Beispiele:* Die Jungen sehen am liebsten fern. Die Mädchen machen nicht so gern Sport. Die Jungen machen gern Sport, die Mädchen hören lieber Musik. Die Jungen computern gern, die Mädchen computern auch gern. Die Mädchen pflegen gern Tiere. ...

B4 1 + 14 3 + 12 2 + 13 4+11

▶ **Lesen** 1 b) 2 c) 3 a) 4 a) 5 c) 6 b)

## Lektion 11

▶ **Einstiegsseite** Mona: nach Amerika, Cornelia: in den Dschungel, Philipp: auf den Mond, Andreas: in die Karibik

B2

| A | B | C | D | E | F | G |
|---|---|---|---|---|---|---|
| 7 | 1 | 3 | 6 | 2 | 4 | 5 |

▶ **Lesen** 1 B 2 D 3 A 4 B 5 C 6 C 7 passt nichts

## Lektion 12

▶ **Einstiegsseite**
Heute ist die Küche sehr international. Das heißt, landestypische Gerichte bekommt man heute nicht nur im Ursprungsland, sondern fast überall.
Die abgebildeten Gerichte gelten als landestypisch für folgende Länder:
Borschtsch – Russland, Gulasch – Ungarn, Kebab – Türkei, Moussaka – Griechenland, Pizza – Italien, Marillenknödel – Österreich, Paella – Spanien, Zürcher Geschnetzeltes mit Rösti – Schweiz, Mousse au chocolat – Frankreich, Königsberger Klopse – Deutschland

**A1** a) war – waren – hatten – hatte – war – war – war – hatte – war

b) Jan war in England. Niko war in Deutschland. Nina war bei ihrer türkischen Freundin. Julia war in Spanien. Lisas Bruder war in Italien.

**A5** a) Nasi Goreng b) aus Indonesien c) sehr gut d) ausgezeichnet/auch sehr gut e) Ihr schmeckt nie, was Anja kocht. f) (Sie mag nur) Frikadellen mit Kartoffelsalat oder Würstchen mit Pommes frites.

**B2**

| | | | | |
|---|---|---|---|---|
| a) 1 dir | 2 mir, mir, dir | 3 mir, mir | 4 dir | 5 mir |
| b) 2 III | 3 II | 4 IV | 5 I | |
| c) 1 C | 2 B | 3 D | 4 A | 5 C |

▶ **Lesen**

a) Restaurant 3 Fastfood 2 Eiscafé 1
b) Suppe 3 Eis 1,3 Pommes frites 2
c) Salat, Klöße, Gulasch, Gemüse, Suppe

# Lösungsschlüssel zum Arbeitsbuch

## *Lektion 1*

**1.** a) Guten Morgen. b) Hallo. – Grüß dich. c) Guten Abend. – Guten Abend. d) Tschüs. – Tschüs. e) Guten Tag. – Guten Tag. f) Auf Wiedersehen. – Auf Wiedersehen.

**2.**

| 2 | 3 | 4 | 5 | 6 |
|---|---|---|---|---|
| b, d, f | a,e | a, c | b, d, f | a |

**3.** a) heiße b) Bist c) bist – bin d) bin

**4.** b) 1 c) 2 d) 2 e) 3 f) 3

**5.**
▲ Hallo. Wer bist du denn?
● Ich bin Thomas. Und du?
▲ Ich heiße Michael. Bist du neu hier?
● Ja.
▲ Spielst du Fußball?
● Nein, tut mir Leid.
▲ Schade! Also dann tschüs.
● Tschüs.

**6.** b) ie c) ß d) w e) ch f) ü g) sp h) sch

**7.**

| | | | | | | | | | | |
|---|---|---|---|---|---|---|---|---|---|---|
| | | | | | | **G** | r | ü | ß | |
| | | | | n | e | **u** | | | | |
| | | | s | p | ä | **t** | e | r | | |
| | | | | | W | **e** | r | | | |
| | | | | | | **N** | e | i | n | |
| | | | | | T | **a** | g | | | |
| | | | | | I | **c** | h | | | |
| | | | | | | **h** | e | i | ß | t |
| S | p | i | e | l | s | **t** | | | | |

*Gute Nacht*

**8.**

| 2 | 3 | 4 | 5 | 6 | 7 |
|---|---|---|---|---|---|
| e | g | a | a/f | d | c |

**9.** a) Wie heißt du? b) Woher kommst du? c) Wo wohnst du? d) Wer bist du? e) Kommst du aus Italien? f) Wohnst du in Berlin? g) Bist du Petra/Claudia/…?

**10.**
▲ Hallo. Ich bin Julia. Und du?
● Ich heiße Pedro.
▲ Du sprichst aber gut Deutsch.
● Na ja, ich wohne doch in Deutschland.

▲ Wo denn?
● In München.
▲ In München? Na so was! Ich wohne auch in München.

**11.** ▲ heiße ● Kommst ▲ komme ● sprichst ▲ wohne ● wohne – spreche

**12.** a) Woher kommst du denn? b) Du sprichst aber gut Deutsch. c) Wohnst du in Stuttgart? d) Du wohnst in München. e) Wo wohnst du? f) Heißt du Daniel? g) Ich heiße doch Jörg.

**13.** Ich bin Karin. – Und wer bist du? – Ich heiße Roberto. – Woher kommst du denn? – Aus Italien. – Und wo wohnst du? – In Salzburg. – Ich wohne auch in Salzburg.

**14.** ▲ Hallo! Ich bin Karl. Und wer bist du?
● Ich heiße Carlo.
▲ Du sprichst aber gut Deutsch. Woher kommst du denn?
● Ich komme aus Italien. Und du?
▲ Aus Köln. Das ist in Deutschland.
● Ich weiß. Ich wohne in Bonn.
▲ Na so was!

**15.** a) 1 b) 3 c) 2 d) 2 e) 1 f) 3

**16.** b) Nein, du kommst nicht aus Österreich. c) Nein, du wohnst nicht in Stuttgart. d) Nein, du sprichst nicht gut Englisch. e) Nein, du spielst nicht gut Tennis.

## *Lektion 2*

**1.** a) MÜNCHEN b) STUTTGART c) FRANKFURT d) BERLIN e) HAMBURG f) ROSTOCK

**2.** a) 5 + 14 – 11 + 7 – 8 + 13 = 20 b) 12 + 6 – 15 – 2 + 17 – 3 = 15 c) 4 + 9 – 10 + 16 – 1 – 18 = 0

**3.** 4 vier – 6 sechs – 2 zwei – 12 zwölf – 19 neunzehn – 8 acht – 5 fünf

**4.** 1 c 2 e 3 b 4 a 5 f 6 d

**5.** a) ▲ Wie heißt du denn? ● Ich heiße Ngaio Modolele. ▲ Wie bitte? Ich verstehe nicht. ● Nga-io Mo-do-le-le. b) ▲ Hier Markus Roth. ● Markus, bist du's? ▲ Na klar! Hallo, Anne! ● Hallo Markus. c) ▲ Hallo, ist Karin Reichel da? ● Reichel? Hier ist Schmidt. ▲ Oh, Entschuldigung! ● Das macht nichts.

**6.** a) Sie b) er c) Sie – sie d) Er e) Sie f) er

**7.** a) Sie ist b) Er wohnt c) Sie kommt d) Er ist e) … kommt sie? f) … wohnt sie? g) … ist er?

**8.**

| | | | | | |
|---|---|---|---|---|---|
| ich | wohne | komme | heiße | spreche | bin |
| du | wohnst | kommst | heißt | sprichst | bist |
| er/sie | wohnt | kommt | heißt | spricht | ist |

**9.** b) Nein, Markus Moser (er) kommt nicht aus Österreich. c) Nein, Cornelia (sie) wohnt nicht in München. d) Nein, Winnetou (er) spricht nicht Deutsch. e) Nein, er heißt nicht Florian. f) Nein, sie ist nicht 12 Jahre alt.

**10.** a) Er spricht Spanisch. b) Sie spricht Französisch. c) Er spricht Englisch. d) Sie spricht Italienisch. e) Er spricht Englisch. f) Sie spricht Deutsch. g) Er spricht Chinesisch. h) Er spricht Portugiesisch. i) Sie spricht Russisch. j) Er spricht Spanisch.

**11.** Liebe Oma, Frankfurt, den 5.12.20..
mein Freund heißt Thomas, nicht Jonas. Und er kommt auch nicht aus Jemen. Er kommt aus Bremen. Und er wohnt jetzt hier in Frankfurt. Er ist dreizehn Jahre alt. (Er ist dreizehn Jahre alt. Und er wohnt jetzt hier in Frankfurt.)
Viele liebe Grüße dein Peter

**12.**

| | | | | |
|---|---|---|---|---|
| Werner Rot | Miguel Ramirez | Marco Peri | Robert Klein | Peter Miller |
| Österreich | Spanien | Italien | Luxemburg | England |
| Stuttgart | Köln | Hamburg | München | Bremen |
| 15 | 16 | 13 | 12 | 14 |

a) Marco Peri b) Robert Klein c) Miguel Ramirez

**13.** und – in – aus – neu – alt b) Das ist Diana. Sie spielt Tennis und Basketball. Sie wohnt hier in Dresden. Aber sie kommt aus München. Sie ist neu hier. Sie ist 14 Jahre alt.

## *Lektion 3*

**1.** b) Bruder c) Opa d) Freundin e) Onkel

**2.**

Schwester
Onkel Eltern Tante
Oma Opa Oma
Großeltern Großeltern

**3.** a) Geschwister b) Lehrer c) Lehrerin d) Bruder e) Großeltern f) Eltern g) Tante h) Opa i) Onkel j) Schwester k) Vater

4. a) 2 b) 1 c) 3 d) 3 e) 2 f) 1

5. a) Wie heißt denn dein Hund? Bello. b) Heißt deine Schwester Maria? Nein, sie heißt Marianne. c) Wie alt ist dein Bruder? Achtzehn. d) Ist das deine Mutter? Nein, meine Tante. e) Ist das dein Bruder? Nein, das ist mein Freund. f) Wer ist das denn? Das ist eine Freundin von Peter.

6. a) ist – ist b) sind c) Sind d) Ist e) sind f) ist – ist

7. Bruder – Onkel – Opa – Lehrer – Freund – Hund Mutter – Schwester – Tante – Oma – Lehrerin – Freundin – Katze

8. Das ist mein Bruder. Das ist meine Schwester. Das ist mein Opa. Das ist mein Hund. Das ist meine Mutter. Das ist meine Oma. Das ist meine Katze.

9. b) deine – eine c) meine d) meine e) dein – Mein f) deine g) deine – deine h) dein i) Eine

11. Eltern – Freundin – Großelter – Hund – Kind – Lehrer – Mutter – Onkel – Schwester – Tante – Vater

12. dein – er – Freund/Freundin – Großeltern – hat – in – ja – komme – Lehrer/Lehrerin – Mutter – nicht – Onkel – Papa – Q --- - Robert – seit – Tante – und – Vater - wo/woher x --- - y --- - Zahl

13. ● Hallo, Claudia! Wer ist das? Deine Tante? ■ Nein, eine Freundin von Mami.

14. k – H – z – J – tt

## *Lektion 4*

1. b) 3 c) 1 d) 3

2. b) 2 c) 3 d) 1 e) 1 f) 2

3. a) Wie heißt du? b) Wer ist das? c) Woher kommst du / kommt ...? d) *freie Formulierung, z.B. Spielst du Tennis?* e) Kommst du aus Spanien/Deutschland/...? f) Wie heißt du? / Wer bist du?

4. Hallo Sonja, mein Vater ist in München. Meine Mutter ist auch nicht da. Kommst du? Jörg kommt auch. Bis später. Tschüs dein Roman

5. Köln, mein, wohnst, du, ist, München, kommt, wer

6. 32, 54, 28, 93, 76, 12, 16, 61, 41, 88, 24, 19, 75, 63, 100

**7.**

a c h t u n d v i e r z i g
e i n u n d d r e i ß i g
s i e b e n u n d s i e b z i g
f ü n f u n d a c h t z i g
v i e r z e h n
v i e r u n d s e c h z i g
t a u s e n d

*hundert*

**8.**

| 2 | 3 | 4 | 5 | 6 | 7 | 8 |
|---|---|---|---|---|---|---|
| d | g | f | a | h | c | e |

**9.**

| Infinitiv | schreiben | arbeiten | lesen | zeichnen | singen | |
|---|---|---|---|---|---|---|
| ich | schreibe | arbeite | lese | zeichne | singe | möchte |
| du | schreibst | arbeitest | liest | zeichnest | singst | möchtest |
| er/sie | schreibt | arbeitet | liest | zeichnet | singt | möchte |

**10.** b) turnst c) rechne d) liest e) lese f) schreibt

**11.** b) Mein Bruder ist siebzehn. c) Er heißt Kaspar. d) Papi arbeitet in München. e) Mami arbeitet auch. f) Meine Familie wohnt in Vaterstetten. g) Das ist 5 km von München. h) Meine Oma kommt aus Stuttgart, sie wohnt aber auch in Vaterstetten.

**12.** ▲ Hallo, Claudia.
● Hallo, Klaus.
▲ He, was ist denn?
● Ach, ich möchte so gern Gitarre spielen. Aber meine Gitarre ist kaputt.
▲ Schade! Du, ich spiele heute Fußball. Möchtest du mitspielen?
● Fußball? Au ja!
▲ Also, los.

**13.** b) Möchtest du malen? c) Möchtest du zeichnen? d) Möchtest du turnen? e) Möchtest du lesen? f) Möchtest du … (*freie Wahl*)?

**14.** a) Vater möchte nicht lesen. b) Oma möchte singen. c) Opa möchte nicht schreiben. d) Mutter möchte nicht malen. e) Der Zauberer möchte turnen. f) Anna möchte rechnen.

**15.** *freie Wahl*

**16.** a) Ich möchte in Ruhe lesen. b) Roman möchte in Köln wohnen. c) Daniel wohnt in München. d) Maria möchte nicht zeichnen. e) Maria zeichnet nicht. f) Du heißt Erika. g) Du möchtest Corinna heißen.

**17.** male – malen – schreibe – schreiben – lese – lesen – singen – macht – spielt – singe – singt

## *Auf einen Blick*

### Wiederholungsübungen

**1.** b) 3 c) 1 d) 1 e) 2 f) 3

**2.** Wie heißt du? Woher kommst du? Aha! Und wie alt bist du? Was spielst du?

*freier Text*

**3.** b) bin c) komme d) verstehe e) spreche f) wohne g) spiele

Das ist Julien. Er kommt aus Frankreich. Er ist neu hier. Er spricht noch nicht so gut Deutsch. Er wohnt jetzt in Deutschland. Er spielt gern Fußball. (Er ist neu hier. Er kommt aus Frankreich. Er wohnt jetzt in Deutschland. Aber er spricht noch nicht so gut Deutsch. Er spielt gern Fußball.)

**4.** a) – e) *in der Muttersprache ergänzen*

**5.** Liebe Anette, München, den ...

meine Mutter ist in Stuttgart, mein Bruder auch. Papi arbeitet. Und ich bin allein zu Hause. Möchtest du nicht kommen? Jetzt sind doch Ferien!

Bis bald und viele Grüße
deine Monika

**6.** b) eu c) ch d) h e) ß f) ei g) ö h) ie i) w j) ü k) v

### Grammatik

**1.** a) (Im Satz steht das Verb auf Position zwei.)
b) (Im Satz steht *möchten* auf Position zwei.
Der *Infinitiv* steht am Schluss.)

**2.** Ich turne nicht. – Julia spielt nicht Tennis. – Eva möchte nicht singen.
(*nicht* steht hinter dem Verb)

**Lesetext**

**4.** Abschnitt 1 c
Abschnitt 2 a
Abschnitt 3 d
Abschnitt 4 b

**5.** a) r b) f c) f d) f e) r f) f g) f h) f i) r j) f

**Phonetik**

**2.** a)

| | a | b | c | d |
|---|---|---|---|---|
| 1 | ✗ | | ✗ | ✗ |
| 2 | ✗ | ✗ | | ✗ |
| 3 | | ✗ | ✗ | ✗ |
| 4 | ✗ | ✗ | ✗ | |
| 5 | ✗ | ✗ | | ✗ |

**5.** 1 Ich bin fünfzehn. 2 Grüß Gott, Herr Müller. 3 Bis später! Tschüs. 4 Ich spiele bei Bayern München.

**9.**

| | | | | |
|---|---|---|---|---|
| 1 | ✗ | ✗ | | ✗ |
| 2 | ✗ | ✗ | | ✗ |
| 3 | ✗ | ✗ | ✗ | |
| 4 | ✗ | | ✗ | ✗ |
| 5 | | ✗ | ✗ | ✗ |
| 6 | ✗ | ✗ | | ✗ |
| 7 | ✗ | | ✗ | ✗ |

**10.** a)

| | a | b | c | d |
|---|---|---|---|---|
| 1 | ✗ | ✗ | | ✗ |
| 2 | ✗ | | ✗ | ✗ |
| 3 | | ✗ | ✗ | ✗ |
| 4 | ✗ | ✗ | ✗ | |
| 5 | ✗ | | ✗ | ✗ |

**12.** 1 Mein Hund heißt Hansi. 2 Herr Müller wohnt in Hamburg. 3 Ich heiße Heiko. 4 Hallo, hier Hans. 5 Oma hört nicht gut. 6 Meine Eltern sind heute nicht zu Hause.

**Test Lektion 1**

**Test A**

1. bin 2. wie 3. kommst 4. Aus 5. wo 6. wohne 7. heißt 8. du 9. nicht 10. Woher

### Test B

b) Und c) heiße d) in e) nicht f) wohne g) Spielst h) Leid i) du j) klar k) dann
4 + 9 – 1 + 5 – 8 + 11 – 3 – 6 + 2 + 7 + 10 = 30

### Test C

a) Gute Nacht! b) Tschüs! c) Guten Tag! d) Auf Wiedersehen! e) Guten Abend! f) Guten Morgen!
2 + 1 + 4 + 6 – 3 + 5 = 15

## Test Lektion 2

### Test A

1. bin 2. kommst 3. ist 4. Spielt 5. Er 6. wohnt 7. Wie 8. Heißt 9. sie 10. verstehe

### Test B

a) Jahre b) aus c) heiße d) alt e) vierzehn f) wer g) ist h) kommt i) er
10 + 6 + 4 – 3 – 2 – 1 + 7 – 5 + 9 = 25

### Test C

17 + 2 + 18 + 10 + 6 + 20 + 11 + 9 + 0 = 93

## Test Lektion 3

### Test A

1. meine 2. Sind 3. mein 4. deine 5. meine 6. ein 7.sind 8. deine 9. ist 10. mein

### Test B

a) heiße b) Jahre c) in d) nicht e) Eltern f) Geschwister g) Bruder h) meine i) Mein j) Schwester k) Familie
7 + 10 + 8 – 9 – 7 + 2 + 11 + 6 – 5 – 1 – 3 =19

### Test C

Freund Opa Schwester Oma Vater Onkel Bruder Mutter

**Test Lektion 4**

**Test A**

1. machst 2. ist 3. siehst 4. singe 5. lesen 6. hörst 7. sprichst 8. möchte 9. zeichnet 10. Arbeitest

**Test B**

a) heute b) nicht c) weg d) möchte e) gern f) aus g) spricht h) gut i) spielt j) kommt k) später
3 + 10 + 9 – 2 – 11 + 6 – 4 – 1 – 5 + 8 + 7 = 20

**Test C**

a) 1 b) 4 c) 2 d) 3 e) 7 f) 5 g) 6
1 + 4 + 2 – 3 + 7 – 5 – 6 = 0

31 + 92 + 43 + 58 + 74 + 69 + 26 + 87 + 15 + 25 = 520

## *Lektion 5*

**1.** Mittwoch, Mathe, Religion, Deutsch, Dienstag, Physik, Samstag, Englisch, Freitag, Kunst

**2.** a) Cornelia hat am Montag Sport. b) Sie hat am Dienstag Kunst. c) Sie hat am Mittwoch Chemie. d) Sie hat am Donnerstag Englisch. e) Sie hat am Freitag Französisch und Kunst.

**3.** Hallo Petra,
heute ist Montag. Das ist blöd. Ich habe zwei Stunden Mathe und eine Stunde Englisch. Herr Müller ist nicht nett. Hast du heute auch Mathe? Kommst du morgen? Peter macht eine Party.
Bis bald — Claudia

**4.** *freie Wahl*

**5.** b) 2 c) 3 d) 3 e) 1 f) 2

**6.** b) komme c) Singt – schreiben d) macht e) liest f) spielen g) malst h) Lest i) arbeitet j) wohnen

**7.**

| | | | |
|---|---|---|---|
| 2 | 3 | 4 | 5 |
| e | a | b | c |

**8.** a) Was habt ihr denn jetzt? Zwei Stunden Sport. b) Wie viele Stunden Englisch habt ihr? Vier. c) Was machst du denn? Ich lese. d) Wir haben jetzt Mathe, und ihr? Wir haben auch Mathe. e) Kommt ihr heute? Ja, klar. f) Was macht ihr denn? Wir machen Hausaufgaben.

**9.** b) 1 c) 3 d) 1 e) 2 f) 3

**10.** a) Sie heißen auch Lempel. b) Sie kommen auch aus Deutschland. c) Sie wohnen auch in München. d) Sie gehen auch in die Schule. e) Sie machen auch gern Sport. f) Sie haben auch Wandertag. g) Sie bekommen ein Zeugnis.

**11.** Was hast du am Montag? Wir/Sie lesen in Deutsch. Ihr seid fünfzehn Jahre alt. Wir/Sie kommen aus München.
*oder:*
Was hast du in Deutsch? Wir/Sie lesen am Montag. Ihr seid fünfzehn Jahre alt. Wir/Sie kommen aus München.

**12.** Sie heißen Peter, Paul und Petra. Sie sind 13/14/15/... Jahre alt. Sie kommen aus Deutschland/Österreich/... Sie gehen in die Hauptschule/Realschule/ in das Gebrüder-Grimm-Gymnasium. Sie haben Mathe, Englisch, ...

**13.**

| ich | du | er/es/sie | wir | ihr | sie |
|---|---|---|---|---|---|
| komme | liest | schreibt | haben | schreibt | haben |
| möchte | | kommt | machen | kommt | machen |
| | | möchte | sind | möchtet | sind |
| | | liest | | lest | |

**14.**

| | haben | sein | schreiben | lesen | sprechen |
|---|---|---|---|---|---|
| ich | habe | bin | schreibe | lese | spreche |
| du | hast | bist | schreibst | liest | sprichst |
| er/sie | hat | ist | schreibt | liest | spricht |
| wir | haben | sind | schreiben | lesen | sprechen |
| ihr | habt | seid | schreibt | lest | sprecht |
| sie | haben | sind | schreiben | lesen | sprechen |

**15.**

| Name | Laura | Karolin | Anna | Melanie |
|---|---|---|---|---|
| Schule | Realschule | Grundschule | Hauptschule | Gymnasium |
| Klasse | 7 | 4 | 8 | 9 |
| Zeugnis-Note | Englisch 5 | Mathe 2 | Kunst 1 | Biologie 3 |
| Stundenplan | 4 Stunden Englisch | 3 Stunden Sport | 4 Stunden Deutsch | 2 Stunden Physik |

## Lektion 6

**1.** 2 Füller 3 Spitzer 4 Kreide 5 Schere 6 Blatt 7 Lineal 8 Heft 9 Tasche — *Bleistift*

**2.** b) 1 c) 3 d) 1 e) 1

**3.** a) He, was ist denn? Ach, mein Matheheft ist weg. b) Wo ist denn nur mein Heft? Tut mir Leid. Das weiß ich nicht. c) Ist das dein Mathebuch? Ach ja, danke. d) Was hast du in Mathe? Eine Drei. e) Was habt ihr in der ersten Stunde? Mathe. f) Hast du eine Sechs in Mathe? Ach, lass mich in Ruhe.

**4.**

| 2 | 3 | 4 | 5 | 6 |
|---|---|---|---|---|
| d/e | d | a/d | b/d | c/d |

**5.** a) kein – ein b) eine – keine c) keine – eine d) eine – keine – ein e) Ein – kein

**6.** a) nicht b) nicht c) keine d) nicht e) kein f) kein

**7.**

| Block | Blatt | Mappe |
|---|---|---|
| kein | kein | keine |
| ein | ein | eine |
| mein | mein | meine |
| dein | dein | deine |
| der | das | die |
| Pinsel | Bild | Tafel |

**8.** b) – c) der: Lehrer – Bruder – Bleistift – Füller – Spitzer – Malkasten
das: Mäppchen – Heft – Buch – Blatt – Turnzeug – Lineal
die: Tasche – Oma – Schere – Kreide – Landkarte – Patrone

**9.** • Hier, Frau Meier. • Oh, Entschuldigung. • Moment, bitte. • Tut mir Leid. Das Heft ist weg. • So ein Mist.

**10.** der Block – die Schere – das Mäppchen – der Füller

**11.** a) das/ein b) ein – Ein – Das c) ein – ein – das d) die – eine/die e) ein – der – eine – die – die – (–) (*Plural*) – (–) (*Plural*)

**12.** a) er b) Sie c) es d) sie e) er – er

**13.** b) die Freundinnen c) die Lehrer d) der Pinsel e) die Blätter f) die Schwester g) das Lineal h) die Fotos i) die Blöcke j) die Tasche k) die Brüder l) die Bilder

## Lektion 7

1. b) Niemand hat die Aufgaben. c) Ich habe nichts vergessen. d) Alle sind zu Hause. e) Du machst immer Hausaufgaben.

2. Lehrer: Also, wir spielen heute Fußball.
   Klasse: Oh, toll! Super!
   Lehrer: Jürgen, was ist denn los?
   Jürgen: Tut mir Leid.
   Ich habe das Turnzeug vergessen.
   Lehrer: Na ja, du spielst eben heute nicht.
   Also los! Wo habe ich denn nur ...?
   Verflixt! Ich habe den Fußball vergessen.
   Jürgen: Na ja, wir spielen eben heute nicht.

3. Klassenbuch, Schwamm, Malkasten, Zeitung, Telefonbuch, Taschenmesser, Atlas, Schlüssel, Notenbuch, Bürste, Föhn, Zirkel

4. a) der b) den c) den d) den e) der f) Der g) den h) der i) der j) Der k) den l) den m) den n) der

5. a) den b) den – den – Den c) den – der d) den – Den e) der – der f) Der g) den – der h) Der – den

6.

| | Schwamm | Kamm | Zeitung | Schlüssel | Taschenmesser |
|---|---|---|---|---|---|
| Hier ist ... | der Schwamm | der ... | die ... | der ... | das ... |
| Ich habe ... | den Schwamm | den ... | die ... | den ... | das ... |
| Hast du ...? | den Schwamm | den ... | die ... | den ... | das ... |
| Wo ist ...? | der Schwamm | der ... | die ... | der ... | das ... |
| Er möchte ... | den Schwamm | den ... | die ... | den ... | das ... |

7. Wo ist der Papierkorb/Föhn/Schlüssel/Zirkel/Kamm?
   Ich habe den Föhn/Papierkorb/ ...
   Hier ist der Schlüssel/Zirkel/ ...
   Hast du den Zirkel/Föhn/ ...?
   Der Kamm/Schlüssel/ ... ist weg.

8.

| | | | |
|---|---|---|---|
| 2 | 3 | 4 | 5 |
| c | a | e | b |

9. *Beispiele:* a) Nimm doch bitte das Heft heraus. b) Lies mal bitte. c) Schreib bitte einen Aufsatz. d) Komm doch mal an die Tafel. e) Lern bitte die Wörter. f) Schreibt doch bitte die Sätze noch mal. g) Schlagt mal bitte die Hefte auf. h) Lest mal den Text. i) Nehmt doch bitte das Buch heraus.

**10.**

| A | B | C | D |
|---|---|---|---|
| 3 | 4 | 1 | 2 |

**11.** Frau Reimann, wohnen Sie in Hamburg? – Julia und Ute, singt ihr gern? – Herr und Frau Rossi, sprechen Sie Deutsch? – (Max), spielst du Gitarre? – (Frau Weber), hören Sie Musik?

**12.** a) Woher kommen Sie? b) Wie alt sind Sie? c) Geben Sie Englisch/Französisch? d) Sprechen Sie Italienisch? e) Machen Sie gerne Sport? f) Haben Sie Kinder?

## *Lektion 8*

1.

```
        A|P|F E L
        K|A|K A O
        W|U|R S T B R O T
A P F E L|S|A F T
    K Ä S|E|B R O T
      M I|N|E R A L W A S S E R
         |B|A N A N E
      B I|R|N E
    L I M|O|N A D E
    B R Ö|T|C H E N
```

*Pausenbrot*

Er hat einen Apfel, ein Wurstbrot, ein Käsebrot, eine Banane, eine Birne und ein Brötchen.

… er hat keinen Kakao, keinen Apfelsaft, kein Mineralwasser und keine Limonade.

**2.** a) Möchtest du ein Wurstbrot oder ein Käsebrot? Gar nichts. Ich habe keinen Hunger. b) Was hast du denn da? Einen Apfel. c) Verflixt, ich habe meine Limonade vergessen. Möchtest du meinen Saft? d) Hast du einen Apfel? Nein, eine Birne. e) Ich habe mein Pausenbrot vergessen. Hast du etwas? Tut mir Leid. Ich habe auch nichts. f) Ach, ich habe so einen Hunger. Möchtest du ein Brötchen?

**3.** b) dein Lineal? c) deine Tasche? d) deine Schere? e) dein Buch? f) deinen Malkasten? g) dein Turnzeug? h) deinen Bleistift?

**4.** b) deine c) eine d) dein e) eine f) ein g) einen h) eine i) einen j) dein

**5.** a)

| | | | | | |
|---|---|---|---|---|---|
| der | ein | mein | dein | kein | Apfel |
| das | ein | mein | dein | kein | Buch |
| die | eine | meine | deine | keine | Tasche |
| die | — | meine | deine | keine | Hausaufgaben |

b)

| | | | | | |
|---|---|---|---|---|---|
| den | einen | meinen | deinen | keinen | Apfel |
| das | ein | mein | dein | kein | Buch |
| die | eine | meine | deine | keine | Tasche |
| die | — | meine | deine | keine | Hausaufgaben |

6. a) Hast du einen Bleistift? b) Leihst du mir deinen/dein/deine ...? – Hast du einen/ein/eine ...? c) Leihst du mir deine Kamera/Tasche/...? d) Ist das dein Fußball? e) Leihst du mir deinen Cassettenrecorder/Fußball/...? f) Möchtest du ein Brötchen/einen Apfel/...?

7. b) 1 c) 2 d) 2 e) 1

8. a) Ich leihe dir meine Kamera. b) Gib mir bitte die Cassette. c) Leihst du mir deinen Taschenrechner? d) Ich gebe dir gar nichts. e) Gibst du mir den Fußball?

9. a) es b) ihn c) ihn d) sie e) ihn f) es g) er h) er

10.

| 2 | 3 | 4 | 5 | 6 | 7 | 8 | 9 |
|---|---|---|---|---|---|---|---|
| a | f/g/h/i | b/c/h | f/g/h/i | d/e | b/h | a/d/e | f/h/i |

11. b) Wen siehst du (da/denn)? c) Was machst/schreibst du (denn)? d) Wen kennt ihr hier? e) Wer kommt denn? f) Was möchtest du? g) Wen möchtest du sprechen? h) Wer ist das? / Wen siehst/... du?

12. braun – grün – gelb – schwarz – weiß – rot
Farbstift

13. einen – mir – deinen – dir – Er – ihn – meinen – wir – der

14. b) 3 c) 1 d) 2 e) 1 f) 3 g) 1

15. b) Magst c) mögt d) mögen e) mögen f) mag

16. a) Warum magst du Elvis Presley nicht? b) Warum hast du nie/keine Zeit? c) Warum bist du nicht (ein bisschen) modern? d) Warum schimpfst du immer gleich? e) Warum hören wir immer nur deine Musik?

17. a) Überhaupt nicht. Ich finde Popmusik doof/blöd/langweilig. Ich finde, Popmusik ist ... b) Nicht so sehr. / Überhaupt nicht. Ich esse lieber ... c) Ja, (sehr). Ich finde Fußball toll/super. Ich finde, Fußball ist ... d) Nein, (überhaupt nicht). Ich finde Mädchen blöd./... e) Ja, (sehr). Ich finde Mathe interessant/... Ich finde, Mathe ist interessant/... Mathe ist mein Lieblingsfach. f) Nicht so sehr. / Überhaupt nicht. Ich mag lieber Katzen/... Ich finde, sie sind ...

## *Auf einen Blick*

### Wiederholungsübungen

1. b) nicht c) nicht d) nicht e) keine – nicht f) nicht g) kein

2. ▲ Bello! Bello! Entschuldigung. ▲ Bello. Und du? ▲ Wie heißt du? ▲ Ich bin Anja.

3.

| Maskulinum | Neutrum | Femininum | Plural |
|---|---|---|---|
| der | das | die | die |
| ein | ein | eine | — |
| mein | mein | meine | meine |
| dein | dein | deine | deine |
| kein | kein | keine | keine |
| er | es | sie | sie |

4.

| | | | | | | | |
|---|---|---|---|---|---|---|---|
| 5 | 8 | 1 | 4 | 7 | 3 | 2 | 6 |

5. Telefonbücher – das Telefonbuch, Zeitungen – die Zeitung, Kämme – der Kamm, Fahrräder – das Fahrrad, Schlüssel – der Schlüssel, Kameras – die Kamera, Taschenmesser – das Taschenmesser, Äpfel – der Apfel, Fußbälle – der Fußball, Birnen – die Birne, Mädchen – das Mädchen, Jungen – der Junge

6. a) nichts b) keine c) nie d) nicht e) nicht f) keinen g) kein – nichts h) nie – nicht

7. *Freie Wahl. Beispiele:*
Ach, ich habe so einen Hunger/Durst. – Möchtest du mein Brötchen/meine Limonade?
Tut mir Leid. Ich habe meinen Aufsatz vergessen. – Aha! Das gibt eine Sechs.
Leihst du mir eine Schallplatte? – Ja, klar.
Wo ist denn dein Buch? – Tut mir Leid. Ich habe es nicht.

## Grammatik

1.

| | | | |
|---|---|---|---|
| ich | lerne | male | komme |
| du | lernst | malst | kommst |
| er/es/sie | lernt | malt | kommt |
| wir | lernen | malen | kommen |
| ihr | lernt | malt | kommt |
| sie/Sie | lernen | malen | kommen |

| | | |
|---|---|---|
| ich | Stamm | + e |
| du | | + st |
| er/es/sie | | + t |
| wie | | + en |
| ihr | | + t |
| sie/Sie | | + en |

**2.** a)

| | bestimmter Artikel | | unbestimmter Artikel | |
|---|---|---|---|---|
| | Nominativ | Akkusativ | Nominativ | Akkusativ |
| Maskulinum | der | den | ein | einen |
| Neutrum | das | das | ein | ein |
| Femininum | die | die | eine | eine |
| Plural | die | die | — | — |

b) der/ein – das/ein – die/eine
Bei *sein* steht der Nominativ.

den/einen – das/ein – die/eine
Bei *brauchen, möchten, haben ...* steht der Akkusativ.

## Lesetext

**4.** a) Frau Becker ist die Klassenlehrerin der 7b.
b) Am Donnerstag ist Wandertag.
c) Er möchte nicht fünf Stunden wandern und eine Tasche tragen.
d) Martin hat einen Fotoapparat dabei.
e) Er hat Hunger und Durst.
f) Sie möchte ein paar Fotos.

## Phonetik

**2.**

| | | | | |
|---|---|---|---|---|
| 1 | x | x | | x |
| 2 | x | | x | x |
| 3 | | x | x | |
| 4 | x | x | x | |
| 5 | x | | x | x |

**3.**

| | a | b | c | d |
|---|---|---|---|---|
| 1 | x | x | x | |
| 2 | x | | x | x |
| 3 | x | x | | x |
| 4 | | x | x | x |
| 5 | x | | x | x |

**5.** Tschüs – später – Wiedersehen – Sabine – du bist – spielen – du heißt – schade – sagen – Stuttgart – du wohnst – Rostock – Spanien – Deutsch – Entschuldigung – nichts – sie – Schwester – Geschwister – sieben – du siehst – interessant – möchten – sprechen – Dienstag – Stundenplan – Schule – Stunde – Sport – singen – schreiben – Kugelschreiber – Spitzer – Schere

**7.** 1 Meine Schwester spricht gut Deutsch. 2 Wir haben am Dienstag zwei Stunden Sport. 3 Sabine schreibt eine Sechs in Englisch. 4 Die Schüler gehen in die Schule. 5 Mein Bleistift und meine Schere sind weg.

**9.**

| | a | b | c | d |
|---|---|---|---|---|
| 1 | ✗ | ✗ | ✗ | |
| 2 | ✗ | ✗ | | ✗ |
| 3 | | ✗ | ✗ | ✗ |
| 4 | ✗ | | ✗ | ✗ |
| 5 | ✗ | ✗ | | ✗ |
| 6 | ✗ | ✗ | ✗ | |
| 7 | ✗ | | ✗ | ✗ |

**11.** 1 Jörg lernt Französisch. 2 Er wohnt in Köln. 3 Herr Müller hört Musik. 4 Petra braucht einen Föhn und eine Bürste. 5 Peter möchte zwölf Blöcke. 6 Möchtest du Brot oder Brötchen.

## Test Lektion 5

### Test A

1. macht 2. singst 3. liest 4. spielen 5. gehen 6. komme 7. möchten 8. habt 9. arbeitet 10. Haben

### Test B

a) Hauptschule b) achte c) am Mittwoch d) Lieblingsfach e) gut f) sie g) Englisch h) blöd i) haben j) malen

1 + 7 – 3 + 6 + 5 – 2 + 4 + 10 – 8 + 9 = 29

### Test C

Samstag – Donnerstag – Sonntag – Mittwoch – Dienstag – Freitag

Lösungswort: Montag

## Test Lektion 6

### Test A

1. kein 2. es 3. eine 4. Das 5. mein 6. — 7. deine 8. Der 9. kein 10. er

### Test B

a) mein b) dein c) kein d) ein e) Meine f) sie g) nicht h) die

8 – 2 + 7 – 5 – 4 – 3 + 6 – 1 = 6

## Test C

| Singular | | Plural | |
|---|---|---|---|
| ✗ | 1 | | 2 |
| | 3 | ✗ | 4 |
| | 5 | ✗ | 6 |
| ✗ | 7 | ✗ | 8 |
| ✗ | 9 | | 10 |
| | 13 | ✗ | 14 |
| | 15 | ✗ | 16 |
| ✗ | 17 | | 18 |
| ✗ | 19 | | 20 |

## Test Lektion 7

### Test A

1. den 2. gib 3. nimm 4. schreiben Sie 5. kommt 6. heißen Sie 7. die 8. sei 9. den 10. gebt

### Test B

a) Wie geht es dir b) etwas c) den d) immer e) nichts f) nie g) Lies h) Niemand i) Alle j) super
8 – 2 – 6 + 10 + 1 + 3 – 4 – 9 + 5 + 7 = 13

### Test C

Kamm – Papierkorb – Zirkel – Föhn – Bürste

## Test Lektion 8

### Test A

1. ihn 2. einen 3. meine 4. keinen 5. Wer 6. sie 7. Wen 8. Ein 9. es 10. meinen

### Test B

a) eine b) mag c) einen d) das e) es f) keinen g) Wer h) kennst i) Schauspielerin j) sie k) sympathisch
7 + 1 – 2 + 10 – 11 + 8 – 9 + 6 – 3 – 4 + 5 = 8

### Test C

| der/den<br>ein/einen | | das<br>ein | | die<br>eine | |
|---|---|---|---|---|---|
| Apfel | 5 | Fahrrad | 2 | Banane | 1 |
| Schokoriegel | 6 | Mineralwasser | 4 | Limonade | 3 |
| CD-Player | 12 | Brötchen | 7 | CD | 8 |
| Walkman | 14 | Computerspiel | 9 | Birne | 10 |
| Apfelsaft | 16 | Comic-Heft | 13 | Kamera | 11 |
| Kuchen | 18 | Pausenbrot | 17 | Orange | 15 |

## *Lektion 9*

**1.** *freie Wahl*

**2.** a) Mami, was machst du denn da? Das siehst du doch. Ich stricke. b) Was machst du nachher? Ich spiele Fußball. c) Hallo, Matze. Hier ist Klaus! Na, wie geht's? Schlecht. Ich lerne gerade Mathe. d) Du, Tommy macht heute eine Party. Kommst du? Ich weiß nicht. Ich habe gar keine Lust. (Ja, gern.) e) Ich gehe nachher schwimmen. Komm doch mit! Ja, gern. (Ich weiß nicht. Ich habe gar keine Lust.) f) Jetzt kommt ein Film mit Harrison Ford. Möchtest du ihn sehen? Ja, klar! Ich sehe so gern fern.

**3.** 1 d/e 2 f (a/d/e/g) 3 a/d (e/f/g) 4 g/h (a/e/f) 5 a 7 c (a/b/e/f/g/h) 8 g (a/b/c/e/f/h)
*Die Buchstaben in Klammern geben mögliche Lösungen an, die aber im Buch noch nicht eingeführt sind.*

**4.** a) Und er schläft am liebsten. b) Kleopatra hört gern Musik. Aber sie geht lieber zu Caesar. Und sie schwimmt am liebsten in Milch. c) Mozart spielt gern Klavier. Aber er schläft lieber. Und er geht am liebsten spazieren. d) Marlene Dietrich isst gern Spaghetti. Aber sie spielt lieber Fußball. Und sie strickt am liebsten. e) Dracula trinkt gern Blut. Aber er sammelt lieber Briefmarken. Und er spielt am liebsten Computer. Er isst nicht so gern Knoblauch.

**5.** Am Dienstagabend isst Thomas ein Wurstbrot. Am Mittwochnachmittag übt Klaus Klavier. Am Donnerstagnachmittag sieht Peter fern. Freitagnacht liest Ilse ein Buch. Samstagnacht geht Anne aus. Am Sonntagvormittag geht Maria spazieren. Am Montagnachmittag fährt Brigitte Rad. Am Dienstagabend hört Matthias Musik.

**6.** b) Am Morgen kauft Mami ein. c) Am Samstag fahren wir Rad. d) Am Nachmittag hört er Musik. e) Am Abend sieht Martina fern. f) Im Sommer spielen die Jungen Fußball.

**7.** *freie Wahl*

**8.** b) Es ist zehn nach acht. Es ist acht Uhr zehn. c) Es ist zwanzig nach zehn. Es ist zweiundzwanzig Uhr zwanzig. d) Es ist drei vor halb eins. Es ist zwölf Uhr dreiundzwanzig. e) Es ist drei nach drei. Es ist fünfzehn Uhr drei. f) Es ist fünf nach halb sechs. Es ist fünf Uhr fünfunddreißig. g) Es ist Viertel vor eins. Es ist null Uhr fünfundvierzig. h) Es ist halb vier. Es ist drei Uhr dreißig. i) Es ist vier vor halb fünf. Es ist sechzehn Uhr sechsundzwanzig. j) Es ist Viertel nach neun. Es ist neun Uhr fünfzehn. k) Es ist vier nach halb zwölf. Es ist elf Uhr vierunddreißig.

**9.** b) am c) Am d) im e) am – um f) in

**10.** a) Ich muss Hausaufgaben machen. Ich muss am Sonntag Hausaufgaben machen. b) Heute Abend können wir nicht Musik hören. Heute Abend können wir Musik hören. c) Nimmst du deinen Bruder mit? Nimmst du am Sonntag deinen Bruder mit? d) Albert/Klaus geht ins Kino / geht nicht ins Kino / geht am Sonntag ins Kino / geht mit Thomas ins Kino. e) Klaus/Albert spielt am Sonntag Monopoly / spielt nicht mit Thomas Monopoly.

**11.**

| 2 | 3 | 4 | 5 | 6 |
|---|---|---|---|---|
| e | b/f | a | c | d |

**12.**

| | fahren | fernsehen | müssen | können | essen |
|---|---|---|---|---|---|
| ich | fahre | sehe fern | muss | kann | esse |
| du | fährst | siehst fern | musst | kannst | isst |
| er/sie | fährt | sieht fern | muss | kann | isst |
| wir | fahren | sehen fern | müssen | können | essen |
| ihr | fahrt | seht fern | müsst | könnt | esst |
| sie | fahren | sehen fern | müssen | können | essen |

**13.** a) kann – muss b) müssen – müssen c) kann d) könnt – müsst e) müssen f) Kannst – musst

**14.** Sie kauft nachher ein. – Sie muss Vokabeln abschreiben. – Sie sieht heute lang fern – Sie kann/möchte lang aufbleiben. – Sie geht heute Abend aus. – Sie muss/möchte das Zimmer aufräumen. – Sie geht nicht weg. – Sie möchte muss/ kann die CDs einordnen.

**15.** möchte – kann – kann – möchte/muss – kann – kann – möchte/muss – möchtest/kannst – müssen/möchten – können

**16.** *Stefanie* möchte Sängerin werden. Da kann man Musik machen. Und es macht Spaß / ist aufregend / … *Angelika* möchte Stewardess werden. Da kann man die Welt kennen lernen. Und es ist interessant / … *Michael* möchte Astronaut werden. Da kann man in den Weltraum fliegen. Und es ist aufregend / … *Andrea* möchte Rennfahrerin werden. Da kann man viel Geld verdienen/schnell fahren. Und es ist aufregend / … *Jutta* möchte Reporterin werden. Da kann man viele Leute/Filmstars und Politiker kennen lernen. Und es macht Spaß / ist …

**17.** a) man – man – es b) Man – man c) man – es d) man – man

## Lektion 10

**1.** b) 1 c) 1 d) 3 e) 1 f) 3 g) 1

**2.** a) Wohin b) Wohin c) Wo d) Was e) Woher f) Wohin

**3.** 1. Disco 2. Café 3. Schwimmbad 4. Zirkus 5. Sportplatz 6. Fußballplatz 7. Hause 8. Schule 9. Theater 10. Schulfest

**4.** b) Konzert c) Oma d) Schwimmbad e) Stadt f) Fußballplatz g) Kino

**5.** a) 2 in den 3 ins 5 auf den 6 in den 8 in die 9 aufs b in die c Ins f in den

b)

| 1 | 2 | 3 | 4 | 5 | 6 | 7 | 8 | 9 |
|---|---|---|---|---|---|---|---|---|
| c | f | a | i | d | h | b | e | g |

**6.** Hallo Jan. Hallo, Eva. Wohin geht ihr denn? Ins Kino? Ach nein, ich habe keine Lust. Ich weiß nicht Wir gehen doch morgen Nachmittag auf den Sportplatz. Ich möchte heute keine Tiere sehen. Ins Schwimmbad? Jetzt? Igitt! Zirkus? Clowns? Tiere? Ich bin doch kein Kind mehr! Ich möchte zu Hause bleiben.

**7.** Liebe Lisa,
heute ist es so langweilig. Ich habe die Hausaufgaben schon fertig. Was mache ich jetzt? Tina geht ins Kino. Aber ich möchte heute nicht ins Kino gehen. Ich habe keine Lust. Roman geht am Montag immer auf den Tennisplatz. Du bist auch nicht da.
Bis bald, deine Carina

**8.** *Freie Ergänzung*

**9.** a) Jörg geht am Samstag immer auf den Fußballplatz. / Jörg geht immer am Samstag auf den Fußballplatz. b) Wir fahren oft am Wochenende zu Tante Erika. / Wir fahren am Wochenende oft zu Tante Erika. c) Ich gehe um ein Uhr am Mittag nach Hause. / Ich gehe am Mittag um ein Uhr nach Hause. d) Meine Mutter fährt heute Nachmittag in die Stadt.

10.

| | | | | |
|---|---|---|---|---|
| Martina | Karin | Daniela | Conny | Silvia |
| 15 | 14 | 13 | 16 | 12 |
| Briefmarken sammeln | Lesen | Fernsehen | Rad fahren | Computer-spiele machen |
| ins Kino | ins Schwimm-bad | auf den Sportplatz | in die Disco | zu Oma |

a) Conny b) Conny

**11.** klein – nett/freundlich – alt – hässlich – sauber – interessant – kalt – hübsch/schön – unfreundlich/böse – freundlich – schnell – schwach

**12.** 2, 6, 9, 1, 8, 5, 3, 10, 7, 4, 11

**13.** Vampir – Astronaut – Supermann – Hexe – Pilot – Rennfahrer – Zwerg – Lehrer

**14.** a) doch b) doch c) denn d) doch e) denn – doch f) denn

**15.** b) … am dreiundzwanzigsten Zweiten 1899 … c) … am fünften Vierten 1908 … d) … am dreizehnten Fünften 1717 … e) … am fünfundzwanzigsten Sechsten 1926 … f) … am dreizehnten Neunten 1819 … g) … am achtundzwanzigsten Achten 1749 … h) … am achtzehnten Achten 1830 … i) … am zweiten Siebten 1877 … j) … am zehnten Elften 1483 …

**16.** *Freie Ergänzung*

## *Lektion 11*

**1.** *nach:* Madrid, England, Frankreich, Wien, Griechenland, Afrika, London, Spanien
*in die:* Niederlande, USA, Schweiz, Türkei

**2.** b) Filmschauspieler c) Wolkenkratzer d) Kängurus e) Tiere f) Burgen

**3.** b) ein c) keine d) eine e) ein – keinen f) kein g) keinen

**4.** *Freier Text.*
*Beispiel:* Ich möchte in die Karibik fahren. Dort gibt es Inseln, Palmen, Strand und Meer. Dort kann man baden. Dort muss ich nicht in die Schule gehen. Ich möchte dort den ganzen Tag faulenzen.

**5.** *freie Wahl*

**6.** b) Im Südwesten c) im Norden/Nordosten d) Im Nordosten e) Im Westen f) Im Südwesten g) Im Nordosten h) Im Westen

7. Österreich: Wien – Salzburg Deutschland/Österreich: Donau – Bodensee – Alpen Deutschland: Lüneburger Heide – Ostsee – München – Harz – Elbe – Berlin – Dresden Deutschland/Schweiz: Rhein – Alpen – Bodensee Schweiz: Bern – Zürich

8. a) Wohin b) Wo c) Wo d) Wohin e) Wohin f) Wohin g) Wo

9. a) 2 b) 3 c) 1 d) 3 e) 3

10. a) Fahren wir dieses Jahr in die Schweiz? – Wir fahren doch jedes Jahr in die Schweiz. b) Was machen wir in den Ferien? – Wir können doch in die Schweiz fahren. c) Warum fahren wir nicht in die Schweiz? – Ach, nein. Das ist viel zu teuer. d) Wohin fahren wir im Winter? – In die Schweiz. Da kann man gut Schi fahren. e) Möchtest du in die Schweiz fliegen? – Fliegen? Das ist doch gar nicht so weit.

11. an die Ostsee – an den Bodensee – an den Rhein – an die Elbe – ans Meer
in die Diskothek – in die USA – in den Schwarzwald – in die Alpen – in die Berge
aufs Land – auf den Brocken – auf den Mond – auf die Zugspitze – auf die Insel Mainau
nach Hamburg / Brasilien / Japan / München / Spanien

12. an den Bodensee auf die Zugspitze auf die Seychellen nach Australien nach New York in die Disco in die Schweiz nach Österreich Nach Italien in die Türkei

13. b) auf den c) ins d) an die e) in den f) in die g) in die h) aufs i) in die j) nach k) an den l) ins m) ins n) auf das o) zu p) in die q) ans r) an den s) auf den / in den t) nach

## Lektion 12

1.

| 1 | 2 | 3 | 4 | 5 | 6 |
|---|---|---|---|---|---|
| e | a | b | f | c | d |

2. du bist – du hattest – er war –er hat – es ist – es hatte – sie war – sie hat – wir waren – wir haben – ihr seid – ihr hattet – sie waren – sie haben – Sie sind – Sie hatten

3. a) war b) waren – war c) waren – war d) waren – Waren e) war f) waren – wart – waren – waren –waren

4. b) ... ich Zeit... c) ... hatten wir ... Spaghetti. d) ... hatte er viel auf. e) ... hattest du ... f) Ihr hattet ... g) ... hatten sie eine Klassenarbeit ... h) ... hatten Sie ... frei i) ... hatte sie eine Fünf/Drei ... in Mathe.

**5.**

```
              |M| I L C H
             K|A| F F E E
           W U|R| S T
              |M| Ü S L I
       B U T T|E| R
     B R E Z E|L|
           O R|A| N G E N S A F T
 M A R M E L A|D| E N B R O T
   B R Ö T C H|E| N
```

*Marmelade*

**6.** *Freie Ergänzung, Beispiel*:
Käsebrot – Würstchen – Brot – Ei – Müsli – Wurst – Brötchen Tee – Kaffee – Orangensaft – Mineralwasser – Milch

**7.** 1. Gemüse 2. Frikadelle 3. Kartoffeln 4. Schnitzel 5. Sauerkraut 6. Gulasch 7. Eintopf 8. Salat 9. Spinat 10. Marmelade 11. Schweinebraten *Lösungswort: Mittagessen*

**8.** a) 2 b) 1 c) 1 d) 3

**9.** a) 3 b) 2 c) 1 d) 1 e) 2

**10.**

| | | | |
|---|---|---|---|
| dem | meinem | deinem | Opa |
| dem | meinem | deinem | Kind |
| der | meiner | deiner | Oma |
| den | meinen | deinen | Eltern |

**11.** a) meinem b) den c) meiner d) meinem – der

**12.** a) mag – schmeckt b) finde c) mag – findet d) schmeckt – mag

**13.** Du hast ja bald Geburtstag. Was möchtest du denn machen? – Ich weiß nicht Mach doch Kaffee und Kuchen. – Ach nein, das schmeckt meinen Freunden bestimmt nicht. Warum gehst du nicht ins Eiscafé? – Eis schmeckt mir nicht. Macht dir vielleicht eine Grillparty Spaß? – Au ja. Grillen finde ich super. – Schmecken dir Hamburger – Nein, die esse ich nicht so gern.

**14.** a) mir b) dir – mir c) mir d) mir – dir e) dir/mir f) mir

**15.** Schnitzel – Kartoffelsalat – Würstchen – Frikadellen – Apfelsaft – Limo – Mineralwasser – Grillparty
Gestern war Anjas Geburtstag. Am Nachmittag waren Anjas Freunde da. Sie hatten Würstchen, Schnitzel, Frikadellen und Kartoffelsalat. Es war wirklich lecker. Dazu hatten sie Limo, Apfelsaft und Mineralwasser. Es war eine super Grillparty. Sie hatten viel Spaß.

## *Auf einen Blick*

### Wiederholungsübungen

**1.** ● Hallo. Hier ist Jens ● Wann geht ihr denn? / Um wie viel Uhr ...? ● Tut mir Leid. Ich kann nicht. Ich muss Mathe lernen. ● Nein, das geht nicht. / Nein, ich muss heute noch lernen. ● Am Samstag. ● Tschüs. (Bis morgen.)

**2.** b) Wann / Um wie viel Uhr kommst du? c) Wohin geht ihr? d) Wer geht ins Kino? e) Wann spielen Thomas und Peter Tennis? f) Was nimmst du mit? g) Wann / Um wie viel Uhr fängt der Film an?

**3.**

| 1 | 2 | 3 | 4 | 5 | 6 |
|---|---|---|---|---|---|
| c | d | a | f | b | e |

**4.** a) Ich gehe heute Nachmittag auf den Sportplatz. b) Am Samstag fahren meine Eltern zu Oma. c) Jürgen möchte in den Ferien in die Karibik fliegen. d) Gestern waren wir bei Tante Doris. e) Schweinebraten schmeckt mir gar nicht. f) Maria geht mit Claudia am Sonntag ins Theater. g) Die Schüler fahren am Montag immer ins Schwimmbad. h) Meine Freundin leiht mir das Fahrrad nicht. i) Im Sommer fahren wir ans Meer.

**5.** a) den/deinen b) den/meinen c) die – das d) einen – der e) -- die f) Mein – dein g) eine – meine – -- – -- – den/meinen h) mein – ein – meinem i) einen – die – unseren – unseren/den

**6.** b) Ich möchte in den Freien wegfahren c) Wir ordnen gerade CDs ein. Machst du mit? d) Wir fahren nachher weg. Möchtest du mitkommen? e) Ich möchte dich zum Geburtstag einladen. Kannst du CDs mitbringen? f) Robert kann heute aufbleiben. Er sieht lange fern.

### Grammatik

**1.** aufräumen – räumen auf fernsehen – sehen fern
Nach Modalverb: Vorsilbe Verb – Ohne Modalverb: Verb Vorsilbe

**2.** Am Samstag tanzt Willi gern. – Willi tanzt am Samstag gern. – Am Nachmittag macht Lena Hausaufgaben. – Lena macht am Nachmittag Hausaufgaben.
Das Verb steht immer auf Platz zwei.

3. a)

| | bestimmter Artikel | | |
|---|---|---|---|
| | Nominativ | Akkusativ | Dativ |
| Maskulinum | der | den | dem |
| Neutrum | das | das | dem |
| Femininum | die | die | der |
| Plural | die | die | den |

| unbestimmter Artikel | | |
|---|---|---|
| Nominativ | Akkusativ | Dativ |
| ein | einen | einem |
| ein | ein | einem |
| eine | eine | einer |
| — | — | — |

b) der/ein – das/ ein – die/eine den/einen – das/ein – die/eine Dem – Dem – Der
Bei *haben, möchten, essen* ... steht der Akkusativ.
Bei *schmecken* steht der Dativ.

4. die – den – den – die – ...steht immer der Akkusativ.

## Phonetik

2.

| | | | | |
|---|---|---|---|---|
| 1 | e | i | e | e |
| 2 | e | e | i | e |
| 3 | i | e | e | e |
| 4 | e | e | i | e |
| 5 | e | e | e | i |
| 6 | e | i | e | e |

3.

| | a | b | c | d |
|---|---|---|---|---|
| 1 | ✗ | | ✗ | ✗ |
| 2 | | ✗ | ✗ | ✗ |
| 3 | ✗ | ✗ | | ✗ |
| 4 | ✗ | | ✗ | ✗ |
| 5 | ✗ | ✗ | ✗ | |
| 6 | ✗ | | ✗ | ✗ |

4. aufstehen – fernsehen – mehr – schwer – zehn – Schere – gehen – Lehrer – verstehen – wer – sehen – einkleben – Ferien

6.

| | | | |
|---|---|---|---|
| der | zehn | kleben | stehen |
| sehr | wen | leben | sehen |
| mehr<br>schwer | den | geben | gehen |

8. 1 Peter geht gern ins Kino. 2 Ich gebe dir meine Telefonnummer. 3 Ich möchte jetzt fernsehen. 4 Wen kennst du denn hier? 5 Jens möchte zehn Scheren. 6 Wen seht ihr denn da?

**11.**

| | | | | |
|---|---|---|---|---|
| 1 | ✗ | ✗ | | ✗ |
| 2 | ✗ | | ✗ | ✗ |
| 3 | | ✗ | ✗ | ✗ |
| 4 | ✗ | ✗ | ✗ | |
| 5 | ✗ | ✗ | | ✗ |
| 6 | ✗ | | ✗ | ✗ |

**12.** aber – Fotoalbum – Fahrrad – hoch – Besuch – reden – Blume – Ferien – Malkasten – Bruder – Pilot – Großeltern – Fußball – Juli – schlafen – Schere – Bodensee – Lineal

**16.** 1 Wir fahren morgen an den Bodensee. 2 Wie viel Uhr ist es? 3. Udo möchte Rennfahrer oder Pilot werden. 4 Ich kann nicht schlafen. 5. Wir gehen am Dienstag ins Kino. 6 Lass mich in Ruhe.

**18.**

| | a | b | c | d |
|---|---|---|---|---|
| 1 | ✗ | | ✗ | ✗ |
| 2 | | ✗ | ✗ | ✗ |
| 3 | ✗ | ✗ | | ✗ |
| 4 | ✗ | | ✗ | ✗ |
| 5 | | ✗ | ✗ | ✗ |
| 6 | ✗ | ✗ | | ✗ |
| 7 | ✗ | ✗ | ✗ | |
| 8 | ✗ | | ✗ | ✗ |

**20.** rot: nicht – gefährlich – fechten – Griechenland – welche – Nächte – manche – Nachtwächter – möchte – zeichnen – Bäuche – Küche – Bücher – leuchten – Brötchen
blau: brauchen – einfach – machen – suchen – noch – Nacht – Besuch – Nachtwächter – auch – tauchen – Woche – hoch

**22.**

| | | | |
|---|---|---|---|
| Drachen | Rauch | Loch | Tuch |
| lachen | Bauch | doch | Buch |
| machen<br>Sachen | auch | noch | |

| | | | |
|---|---|---|---|
| Streich | Gesicht | echt | Tücher |
| reich | Licht | recht | Bücher |
| gleich<br>weich | nicht | schlecht | |

**24.** 1 Oma macht acht Kuchen. 2 Ich brauche ein Telefonbuch. 3 Das Mädchen möchte mit Jochen sprechen. 4 Das macht nichts. 5 Das Bein ist nicht gebrochen. 6 Welche Fächer magst du?

**25.**

| | a | b | c | d |
|---|---|---|---|---|
| 1 | ✗ | ✗ | | ✗ |
| 2 | ✗ | | ✗ | ✗ |
| 3 | | ✗ | ✗ | ✗ |
| 4 | ✗ | ✗ | ✗ | |
| 5 | ✗ | | ✗ | ✗ |
| 6 | ✗ | ✗ | | ✗ |
| 7 | | ✗ | ✗ | ✗ |

**28.**

| | | | | | |
|---|---|---|---|---|---|
| Schal | Bahn | wo | den | Berg | wählen |
| Zahl | Zahn | Zoo | zehn | Zwerg | zählen |

**30.** 1 Ich hole jetzt die Zeitung. 2 Zwanzig Zwerge zählen Blumen. 3 Zwei Mädchen gehen in den Zoo. 4 Ich habe zweiunddreißig Zähne. 5 Sein Zahn ist ganz schwarz. 6 Susanne zeichnet eine Katze.

## Test Lektion 9

### Test A

1. gehe ich ins Kino. 2. Rad fahren 3. kann 4. höre gern Musik 5. müsst 6. halb drei 7. Corinna spielt morgen 8. kaufen ein 9. gehe ich aus 10. im 11. einkaufen 12. sehe gerade fern

### Test B

a) Uhr b) auf c) muss d) an e) halb eins f) Nachmittag g) möchte h) gern i) am liebsten j) Lieblingshobby k) Sommer l) können
2 + 3 + 6 + 9 – 7 + 4 + 8 – 1 – 10 + 12 + 11 + 5 = 42

### Test C

fotografieren – Musik hören – tanzen – Rad fahren – reiten – fernsehen – reisen
Lösungswort: Gitarre

## Test Lektion 10

### Test A

1. zu 2. dritten 3. in den 4. nach 5. am Samstag um 3 Uhr zu Oma 6. aufs 7. ins 8. zu 9. einundzwanzigste 10. auf den

### Test B

a) vierte b) in die c) Woche d) Zeit e) ins f) finde g) zwanzigsten h) Hexe i) Kannst j) können
6 + 2 – 8 + 9 – 1 + 10 + 7 – 4 + 3 + 5 = 29

### Test C

Lösung: 3 + 11 + 8 + 1 – 6 + 2 + 7 – 5 + 9 + 4 + 10 = 44

## Test Lektion 11

### Test A

1. in die 2. auf den 3. gibt es 4. auf eine 5. nach 6. an einen 7. ans 8. gibt es 9. nach 10. man

### Test B

a) wohin b) zu c) gibt es d) nach e) man f) fahren g) in die h) auf i) wo j) ans
3 + 7 + 2 – 4 + 1 + 9 – 10 + 6 – 8 – 5 = 1

### Test C

2 Meer 3 Palme 4 Insel 5 Wolkenkratzer 6 Burg 7 See 8 Papagei 9 Dschungel 10 Schlange
Lösungswort: Frankreich

## Test Lektion 12

### Test A

1. einem 2. Meiner 3. warst 4. Schnitzel 5. meinen 6. hatten 7. den 8. Apfelsaft 9. Hattest 10. keinem

### Test B

a) Frühstück b) zu c) schmeckt d) meinem e) Lieblingsessen f) meiner g) mir h) kocht i) Pizza
8 – 5 + 2 + 3 – 4 + 7 – 1 + 6 + 9 = 25

### Test C

1 Milch 2 Fisch 3 Salat 4 Apfelsaft 5 Kartoffeln 6 Gemüse 7 Käsebrot 8 Suppe 9 Fleisch 10 Knödel 11 Würstchen
Lösungswort: Mittagessen

# Lösungsschlüssel zu den Tests

## Test 1

1. heiße wohne bin komme spreche spiele

2. a) Bist du neu hier? b) Wie heißt du? c) Wo wohnst du? d) Ich wohne in Heidelberg. e) Woher kommst du? f) Spielst du gern Fußball? g) Sprichst du Deutsch? h) Ich spiele Tennis.

3. a) Nein, ich heiße nicht Paul. b) Nein, ich bin nicht neu hier. c) Nein, ich spreche nicht gut Deutsch. d) Nein, ich komme nicht aus Portugal. e) Nein, ich wohne nicht in Berlin. f) Nein, ich spiele nicht gern Handball.

## Test 2

1. Das ist Sophia Rosselot. Sie kommt aus Frankreich. Sie wohnt in Hamburg und sie ist 15 Jahre alt. Sie spricht Französisch, Spanisch und Deutsch. Sie spielt (gern) Volleyball.

2. null sechs neun zehn zwölf sechzehn siebzehn zwanzig

3. spielst ist kommt wohnt spricht spielt spiele

## Test 3

1. a) Oma b) Onkel c) Eltern d) Großeltern e) Opa f) Tante

2. mein meine deine dein mein ein meine deine eine

3. Ich heiße Christina. Ich bin dreizehn Jahre alt und komme aus Italien. Jetzt wohne ich in München. Ich spiele Gitarre und Volleyball. Das da sind meine Schwestern Lisa, Elena und Maria und mein Bruder Antonio. Und das ist Pico, mein Hund.

## *Test 4*

1. b) Liest du gern? c) Siehst du Thomas? d) Zeichnest du gern? e) Sprichst du Italienisch? f) Arbeitest du gern?

2. Sch eu ch oh ß ei ö ie w ü v ch

3. 24 69 76 81 38 45 54 19 92 100

4. a) Ich möchte in Ruhe arbeiten. b) Möchtest du turnen? c) Was liest du denn? d) Marc möchte mir meinem Bruder sprechen. e) Die Mutter möchte in Ruhe telefonieren, f) Mein Freund kommt aus Köln.

5. a) möchte b) siehst c) kommt d) mache e) Spielst f) heißt

**Test 5**

1. a) gehe b) machen c) arbeitet d) sprecht e) Haben f) möchte g) liest h) kommt i) hast j) sind k) sind

2. a) Sie b) Er c) Ihr d) Sie e) Wir

3. singen malen dritten schreiben Geschichte fünften lernen sechsten Sport spielen

**Test 6**

1. vier Bleistifte, zwei Blöcke, ein Mäppchen, zwei Radiergummis, zwei Bücher, zwei Scheren, drei Kugelschreiber, zwei Spitzer, ein Malkasten, drei Pinsel

2. eine ein die der ein - Das der

3. a) kein b) keine c) keine d) keine e) keine

4. a) sie b) es c) Er d) sie e) er f) es

**Test 7**

1. nichts etwas Alle nie Niemand immer

2. a) die - die b) der – den c) das – das d) die – der – den – die

3. b) Beate, nimm doch bitte den Hund mit. c) Lara, komm bitte mal an die Tafel. d) Stefan und Michael, gebt mir jetzt bitte die Hefte. e) Theo, mach die Hausaufgaben. f) Susanne, komm doch bitte mal her. g) Anna und Lisa, seid still.

4. a) kommen Sie b) spielst du c) möchten Sie d) macht ihr

**Test 8**

1. a) Möchtest b) hast c) ist d) Sieh e) kennst f) Leihst – brauche

2. 1 b 2 a 3 b 4 c 5 a

**3.** a) Was b) Wer c) Wen d) Was

**4.** a) einen – eine b) deinen c) dein/ein – kein – ein d) meinen – keinen e) mein f) deine – keine g) Eine/Meine

## Test 9

**1.** fünf vor zwölf Viertel nach zehn fünf nach halb sieben Viertel vor zwölf zwanzig vor zwei zwanzig nach sieben

**2.** a) Im b) am c) Um d) Am e) im f) Am

**3.** (wir) können – müssen (er) kann – muss (ihr) könnt – müsst

**4.** b) Um sieben frühstückt er. c) Um halb acht muss er in die Schule gehen. d) Die Schule fängt um acht an. e) Um halb elf ist Pause. f) Stefan kann jetzt das Pausenbrot essen. g) Um ein Uhr geht er nach Hause. h) Am Nachmittag räumt er das Zimmer auf. i) Um halb vier spielt er mit Peter Fußball.

## Test 10

**1.** in den ins auf den zum zu in die in den ins

**2.** a) Martin geht am Wochenende immer in die Disco. / Am Wochenende geht Martin immer in die Disco. b) Familie Müller fährt im Sommer nach Frankreich. / Im Sommer fährt Familie Müller nach Frankreich. c) Sonja geht am Dienstag um drei ins Schwimmbad. / Am Dienstag geht Sonja ins Schwimmbad. d) Wir fahren im Winter nach Madrid. / Im Winter fahren wir nach Madrid. e) Joseph fährt im Herbst für drei Wochen zu Onkel Bernd. / Im Herbst fährt Joseph für drei Wochen zu Onkel Bernd. f) Ich gehe morgen um elf Uhr auf den Fußballplatz. / Morgen um elf Uhr gehe ich auf den Fußballplatz.

**3.** Luigi hat am zwanzigsten Ersten Geburtstag. Maria hat am dritten Achten Geburtstag. Paul hat am elften Siebten Geburtstag.

**4.** b) stark c) kalt d) langsam e) jung f) schmutzig g) unfreundlich h) langweilig

## Test 11

**1.** a) in die b) an die c) nach d) an den e) auf die f) ans g) nach h) in den

**2.** 1 a 2 c 3 c 4 c

**3.** a) kein – eine b) kein c) - d) keine – ein e) keine f) einen – keinen

**Test 12**

1. Hattest waren warst waren Wart hatten hatte war
2. mag finde mag findet
3. Mein meinem Meiner meinen Meine mein

# Transkriptionen der Hörtexte zum Lehrbuch

## *Lektion 1*

▶ **Einstiegsseite**

Nr. 1:
● Gute Nacht.
▲ Gute Nacht.

Nr. 2:
■ Guten Tag, Frau Meier.
▼ Hallo, Jochen.

Nr. 3:
▲ Hallo, Jürgen.
■ Grüß dich, Claudia.

Nr. 4:
● Guten Morgen!
▲ Guten Morgen.

Nr. 5:
◆ Guten Morgen.
✚ Guten Morgen.

Nr. 6:
◆ Danke schön. Auf Wiedersehen.
■ Wiedersehen.

Nr. 7:
✱ Guten Abend!

Nr. 8:
■ Also dann tschüs.
▲ Tschüs, bis später.

## *Lektion 2*

A1 8 • 3 • 14 • 2 • 5 • 0 • 10 • 15 • 19 • 4 • 13 • 16 • 1 • 6 • 17 • 20 • 7 • 9 • 12 • 18 • 11

B4
● Hallo Oma!
■ Guten Tag, Frau Müller.
▲ Grüß dich, Peter! Wer ist denn der Junge?
● Das ist Thomas, mein Freund.
▲ Wie heißt er? Jonas?
● Nein, Thomas. Er kommt aus Bremen.
▲ Woher kommt er? Aus Jemen? Er spricht aber gut Deutsch.
● Nein, Oma, aus Bremen! Er wohnt jetzt hier in Frankfurt. Er geht in meine Klasse.
▲ Was sagst du? Er ist eine Flasche?
● Ach komm! Oma! (Meine Oma hört schlecht!)
Er ist mein Klassenkamerad.
▲ Ach so.
● Oma, ich muss jetzt gehen.
▲ Wie bitte? Ich verstehe nicht.
● (Mensch!) Tschüs, Oma.
▲ Tschüs, Peter! Komm bald wieder mit Jonas vorbei.
● Oh Gott!

## Lektion 3

▶ **Einstiegsseite** *(Geräusche)*

B 2 1. H-a-l-l-o 2. T-e-n-n-i-s 3. d-o-c-h 4. h-i-e-r 5. N-a-c-h-t 6. h-e-i-ß-e-n 7. w-o-h-n-e-n 8. k-o-m-m-e-n 9. F-r-e-u-n-d-i-n 10. n-i-c-h-t 11. v-e-r-s-t-e-h-e-n 12. J-u-n-g-e 13. M-ä-d-c-h-e-n 14. F-u-ß-b-a-l-l 15. s-p-ä-t-e-r

## Lektion 4

A 2
● Hallo, Mami, du bist schon da?
▲ Was ist denn hier los?
● Mami, das sind meine Freunde. Das ist mein Freund Jörg.
■ Guten Tag, Frau Jansen.
▲ Guten Tag, Jörg.
● Das ist Andreas, der Bruder von Jörg.
✱ Guten Tag.
● Das ist Hansi. Und das ist sein Freund Martin. Er kommt aus Köln.
▲ Hallo!
✱ Guten Tag, Frau Jansen.
● Und das ist Corinna Steiner. Sie ist …
▲ Deine Freundin.
● Ja.
▲ Hallo Corinna!
✚ Guten Tag.
● Thomas kennst du ja. Und das ist Sonja.
◆ Thomas ist mein Bruder.
● Und das sind Jutta, Daniela, Annette, Matthias und Klaus. Sie gehen in meine Klasse. Entschuldige, Mami.
▲ Das macht doch nichts. Macht ruhig weiter.

B 2 23 – 14 – 10 • 65 – 56 – 22 • 84 – 30 – 92 • 29 – 41 – 75 • 71 – 66 – 89 • 57 – 25 – 15 • 32 – 14 – 12 • 48 – 13 – 29

## Lektion 5

▶ **Einstiegsseite**

Nr. 1
● Claudia, woher war Napoleon?
▲ Aus Korsika.
● Richtig. Und wann wurde Napoleon nach Sankt Helena geschickt?

Nr. 2
● So, jetzt wollen wir noch etwas Gymnastik machen, und dann könnt ihr Basketball spielen.

Nr. 3

● Südamerika hat viele Staaten: Brasilien, Argentinien, Uruguay und Paraguay im Osten …

Nr. 4

▲ Froh zu sein, bedarf es wenig, und wer froh ist, ist ein König.

● Nun singen wir dieses Lied im Kanon.

Nr. 5

● Ora et labora. Im Lateinischen konjugieren wir so: oram, oras …

Nr. 6

● Also, das Diktat war wieder miserabel. Heinz, wie schreibt man Goethe?

▲ Wer ist Goethe?

Nr. 7

● a Quadrat plus b Quadrat. Wenn a Quadrat 49 ist, ist a folglich 7.

Nr. 8

● Peter, please read the following sentence.

A3

▲ Hallo, Bernd.

● Hallo, Moni. Was ist denn los?

▲ Was soll schon los sein? Es ist Montag. Wieder eine Woche Schule. Und wir haben morgen Mathe!

● Wir auch! Zwei Stunden, bei Herrn Müller.

▲ Oh je! Habt ihr Herrn Müller auch in Bio?

● Ja, am Donnerstag und am Freitag. Freitag ist sowieso doof. Wir haben da sechs Stunden. Und wieviel habt ihr?

▲ Nur vier – Gott sei Dank! Aber wir haben Latein bei Frau Beier, dann Physik und dann noch zwei Stunden Deutsch.

● Das geht doch!

▲ Wie bitte?

● Deutsch ist mein Lieblingsfach.

▲ Oh Gott!

## *Lektion 6*

A1

▲ Entschuldigung. Wo ist denn die 7c?

● Die 7c? Komm mit. Ich bin auch in der 7c.

▲ Danke.

● Bist du neu hier?

▲ Ja, ich heiße Klaus.

● Ich bin Florian. Hier ist die Klasse. Und das ist Herr Müller. Wir haben jetzt Mathe.

▲ Guten Tag.

■ Guten Tag, bist du neu?

▲ Ja, ich heiße Klaus Wehner.

■ Aha, und woher kommst du?

▲ Aus Düsseldorf.

■ Gut, setz dich zu Florian. Hier ist ein Buch.

▲ Danke. (zu Florian) Herr Müller ist aber nett.

● Naja, es geht.

**A 2** Was ist A 2? … Ein Füller. Was ist C 5? … Eine Mappe. Was ist C 4? … Eine Kreide. Was ist A 8? … Ein Kugelschreiber. Was ist B 6? … Turnzeug. Und jetzt schneller. Fertig? Los! Was ist C 7? … Eine Landkarte. Was ist B 1? … Ein Heft. Was ist B 3? … Ein Lineal. Was ist A 4? … Ein Spitzer. Was ist C 1? … Eine Tasche. Was ist A 6? … Ein Farbstift. Was ist A 1? … Ein Bleistift. Was ist B 2? … Ein Buch. Was ist A 7? … Ein Malkasten.

**B 4**
● Guten Tag, Herr Berger.
▲ Hallo, Christiane.
Na, was möchtest du denn?
● Drei Hefte, bitte. Mathematikhefte.
▲ Hier, bitte. Noch etwas?
● Ja. Bitte einen Block, einen Zeichenblock.
▲ Moment. Tut mir Leid. Es sind keine mehr da. Die kommen erst morgen wieder.
● Na ja. Macht nichts. Haben Sie Taschenbücher?
▲ Ja, die Bücher sind da drüben.
● Gut. Die sehe ich mir nachher an.
…
● Dann möchte ich noch 5 Mappen-Din A 4 und Blätter dazu.
▲ Rechenblätter oder Schreibblätter?
● Schreibblätter, bitte. 100 Stück.
▲ Hier. Sonst noch was?
● Zwei Spitzer, bitte.
▲ Ja, wo sind denn jetzt die Spitzer?
Das gibt's doch nicht! Ich habe keine Spitzer mehr.
● Ach, das ist nicht so schlimm.
▲ Ist das alles?
● Ja, danke.
Ach, Moment! Die Bücher.
Hier! Ich nehme die zwei.
▲ Das macht dann 11,20 EUR.
● Danke.
▲ Auf Wiedersehen, Christiane.
● Wiedersehen!

## *Lektion 7*

### ▶ Einstiegsseite

Nr. 1
● He du, komm mal her!
▲ Meinen Sie mich?
● Ja, komm mal her!
▲ Ja, bitte?

Nr. 2
● Jürgen, komm mal bitte.
▲ Gleich.
● Jürgen!
▲ Ich komme ja schon!

Nr. 3
● Ja, ja. Gut so! Gut so! Stopp!
Jürgen, komm bitte mal her.
▲ Ist was nicht in Ordnung?
● Doch, alles okay, aber …

Nr. 4
● He, Jürgen, komm doch mal her.
▲ Was willst du denn?
● Komm mal eben!
▲ Was ist denn?

Nr. 5
● Jürgen?
▲ Ja, Herr Müller?
● Komm doch bitte mal her!

Nr. 6
● He, Jürgen, komm mal her!
▲ Was ist denn los? Ich habe keine Zeit.
● Mensch, warte doch mal!

B 1

1. Schlagt bitte das Buch auf! … Seite 95. 2. Gib mir mal dein Lateinheft. 3. Lies bitte den Text. 4. Komm bitte an die Tafel. 5. Geh an deinen Platz. 6. Setz dich. 7. Ruhe! 8. Schreib auf. 9. Nimm das Lateinheft heraus.

B 2

Gib mir mal dein Lateinheft. Ruhe! Schlagt bitte das Buch auf! … Seite 95. Komm bitte an die Tafel. Setz dich. Lies bitte den Text. Nimm das Lateinheft heraus. Schreib auf. Geh an deinen Platz.

B 6

● Also, die Hausaufgaben bis Donnerstag:
Lest den Text auf Seite 62 im Buch und macht die Aufgabe.
Macht zwei Dialoge wie im Buch auf Seite 57, Nummer B4.
Lernt die Grammatik auf Seite 67.

## *Lektion 8*

A 2

● Die Jungen und Mädchen haben etwas vergessen.
Hier ist ein Beispiel:
▲ Verflixt, jetzt habe ich das Ding schon wieder zu Hause gelassen. Ich kann doch ohne nicht gut sehen.
● Was hat der Junge vergessen?
Richtig, die Brille.
Und jetzt du. Beantworte die Fragen. Sprich die Antworten laut.
Macht dann noch die Aufgaben Nummer 3 und 4 der Lektion 4 im Arbeitsheft.
Alles klar? Gut, dann bis Donnerstag. Auf Wiedersehen.
▲ So viel Hausaufgaben!

## *Lektion 9*

A 4

● Hallo, ich heiße Jakob, und du?
▲ Carina.
● Du, Carina, wir gehen heute Nachmittag schwimmen. Kommst du mit?
▲ Ich geh' nicht gerne schwimmen.
● Hm. Gehst du gerne tanzen?
▲ Nein, ich spiele lieber Tennis.

● Ach, ich spiele auch Tennis, weißt du!
Möchtest du morgen mit mir Tennis spielen?
▲ Morgen? Nein, das geht nicht!
● Hörst du gerne Musik?
▲ Musik? Ich lese lieber.
■ Grüß dich, Carina!
▲ Hallo, Thomas. Ich gebe am Samstag ein Fest. Kommst du?
■ Klar, ich bringe ein paar Platten von Pink Floyd mit, o.k.?
▲ Super! Also …
● Carina … Carina! Spielst du gern Gitarre? Carina!

B 5
● Hallo.
▲ Hallo Stefan, hier ist Matthias. Schläfst du noch?
● Mh, fast.
▲ Komm! In 20 Minuten fährt der Bus.
● Wie spät ist es denn?
▲ Es ist 20 vor 8. Heute schreiben wir eine Mathearbeit.
● Spinnst du? Heute ist doch Sonntag.
▲ Sonntag? Na so was! Entschuldige!

## *Lektion 10*

A 1
*Gustav:* Ich mag am liebsten Sport, Fußball spielen und so. Aber ich sehe auch gerne fern.
*Michael:* Wir treffen uns immer am Sonntag und reden zusammen. Ich trinke eine Limo. Die kostet nicht so viel.
*Christine:* Ich wohne gern in München. Oft fahre ich ins Zentrum zum Einkaufen und treffe dort auch Freunde.
*Thomas:* Paul ist mein bester Freund. Er spielt auch Gitarre. Ich gehe fast jeden Tag zu ihm.
*Elisabeth:* Ich schwimme wahnsinnig gern. Deshalb gehe ich am Montag und Dienstag ins Olympiazentrum.
*Brigitte:* Ich muss am Abend schon um 8 Uhr zu Hause sein. Meine Eltern möchten alle beim Abendessen sehen.
*Claudia:* Ich bin ein totaler Fan von George Michael. Ich höre seine Musik und möchte sofort tanzen. Das machen wir auch jeden Samstag.

A 4
● Hier Alex Waldner.
▲ Hallo, Alex.
● Ach, du bist es, Mami.
▲ Hör mal. Ich komme erst später. Du weißt, Opa hat heute Geburtstag. Wir brauchen noch ein Geschenk. Ich kann leider nicht in die Stadt fahren. Ich habe keine Zeit. Kannst du das machen?
● Ja klar.
▲ Also, hör zu. Fahr in die Stadt. Geh zu Melody Store und kauf eine Schallplatte von Beethoven, 5. Symphonie. Eine Geburtstagskarte bekommst du bei Hertie. Bring

auch einen schönen Blumenstrauß mit, ja? Und komm aber bald wieder nach Hause. Wir fahren um sechs Uhr zu Opa.

● Alles notiert, Mama. Bis später. Tschüs.

## *Lektion 11*

A4 *(Geräusche)*

## *Lektion 12*

A4

| | |
|---|---|
| *Schwester:* | Was gibt's denn heute? |
| *Mutter:* | Ich weiß nicht. Anja hat ja gekocht. |
| *Schwester:* | Igitt! |
| *Anja:* | Du musst ja nichts essen, dumme Ziege. |
| *Vater:* | Also, was gibt's denn nun, Anja? |
| *Anja:* | Heute habe ich mal Indonesisch gekocht. |
| *Mutter:* | Indonesisch? Aha! Und woher hast du das Rezept? |
| *Anja:* | Aus meinem Kochbuch. Das Gericht heißt „Nasi Goreng". |
| *Schwester:* | Nasi? Sind da etwa Nasen drin? Pfui Teufel! |
| *Anja:* | Halt die Klappe.<br>Na, wie schmeckt's? |
| *Vater:* | Also, mir schmeckt es sehr gut. |
| *Mutter:* | Ja wirklich, ausgezeichnet. |
| *Schwester:* | Mir gar nicht. |
| *Anja:* | Meiner Schwester schmeckt ja nie, was ich koche. |
| *Mutter:* | Hört doch auf, Kinder. |
| *Schwester:* | Mama, wann machst du denn mal wieder Frikadellen mit Kartoffelsalat? Oder Würstchen mit Pommes? |
| *Mutter:* | Das gibt's natürlich auch mal wieder. Aber auf jeden Fall freue ich mich, dass Anja heute so toll gekocht hat. |
| *Vater:* | Genau. |